解码千年古迹的

尘封记忆

墨香满楼◎编著

探秘北京③

中国铁道出版社有限公司
CHINA RAILWAY PUBLISHING HOUSE CO., LTD.

图书在版编目（CIP）数据

探秘北京.③，解码千年古迹的尘封记忆 / 墨香满楼
编著. -- 北京 ：中国铁道出版社有限公司，2025．7.
ISBN 978-7-113-32323-3

Ⅰ．K291

中国国家版本馆CIP数据核字第202592SP86号

书　　名：探秘北京③：解码千年古迹的尘封记忆
　　　　　TANMI BEIJING ③ : JIEMA QIANNIAN GUJI DE CHENFENG JIYI
作　　者：墨香满楼

责任编辑：冯彩茹　　　　　　　　电　　话：（010）51873005
封面设计：赵　兆
责任校对：苗　丹
责任印制：高春晓

出版发行：中国铁道出版社有限公司（100054，北京市西城区右安门西街8号）
网　　址：https://www.tdpress.com
印　　刷：河北宝昌佳彩印刷有限公司
版　　次：2025年7月第1版　2025年7月第1次印刷
开　　本：710 mm×1 000 mm　1/16　印张：17.25　字数：240千
书　　号：ISBN 978-7-113-32323-3
定　　价：98.00元

北京是一座有着三千多年建城史和八百多年建都史的古城，有着十分悠久的历史。

北京最初见于文献记载的名字为"蓟"，从先秦时代的北方重镇，到辽陪都、金中都、元大都，再到明清的北京城，这座城市经历了数千年复杂而漫长的演化历程。1949年新中国成立前夕，北平改名为北京，作为中华人民共和国的首都。

漫长的演化历程使这座古老的城市聚集了大量的文化精华和瑰宝，其中皇家园林、王公府第、胡同四合院、各地会馆、各色寺庙等建筑古迹交相辉映，各色文化也随之交织于此。

北京的皇家园林建筑都很有特点，不仅规模宏大，而且非常讲究布局。从择地、定位到确定每幢建筑的具体尺度，都要按一定的布局来进行。作为世界上最大的祭天建筑群，天坛以严谨的建筑布局、奇特的建筑构造和瑰丽的建筑装饰著称于世，是明清两代帝王祭祀皇天、祈求五谷丰登时所用的场所。天坛的坛墙有两重，分为内坛和外坛，均为北圆南方，据说是为了把天地的形象表现在墙上，以象征"天圆地方"之说。类似这种颇有讲究的园林建筑在北京数不胜数。

说起北京城的古迹，也不得不说王府大院。作为一种珍贵的文化遗产，王府大有学问。在封建社会严格的等级制度体系下，王府建筑的布局方位、规模大小、结构构件、装饰设计，处处都体现着森严的等级制度。除了王府本身蕴含的文化之外，在王府里发生的故事也广为流传。比如民国后期，那些王府主人的后人们纷纷变卖家产田地甚至房屋来维持生计，就这样，顺承郡王府被卖给了军阀张作霖成了大元帅府，豫王府变成了今天的协和医院……本书将其中的故事娓娓道来。

除了王府，北京的古迹还有许多名人故居不得不提。所谓的名人故居，就是历史上的文人墨客、革命家、政治家等具有一定影响力的人物曾经居住的地方，是一种特殊的文化载体。虽然历经了时间的洗刷，故居依然记录并留下了这些人物日常生活的点点滴滴，具有很高的文化价值。因此，许多名人故居，如纪晓岚故居、宋庆龄故居、郭沫若故居、鲁迅故居等，均被列为北京市重点文物保护单位。

除此之外，北京的寺庙也有很多有趣的故事，比如，明成祖为什么要铸造大钟寺的永乐大钟？妙应寺内的白塔真的是尼泊尔人建成的吗？广济寺求姻缘真的很灵吗？红螺寺真的曾有仙女下凡吗……这些有趣的话题，都可以在本书中找到答案。

总之，本书将带领大家走进神秘的北京城，让读者在"悦读"的氛围中，对北京城的千年古迹有个清晰的认知。

作 者

目 录

王府大院

同乡会馆

民宅故居

山水园林

宗教寺院

王府大院

"什刹海的明珠"——恭王府

这座被"蟠龙水"包围着的明珠一般美丽的建筑，见证了中国最后一个封建王朝一步步走向衰败甚至灭亡的过程，历史地理学家侯仁之评价恭王府时说"一座恭王府，半部清朝史"，为什么会这样说呢？被万福笼罩的恭王府里的"三绝一宝"指的是什么？花园里的"独乐峰"到底是不是送子观音像？它是怎么来的？

恭王府的第一位主人是恭亲王吗

"月牙河绕宅如龙蟠，西山远望如虎踞"，这是史书上对恭王府的描述，就其选址而言，它占据京城绝佳的位置。古人修宅建园很注重布局，如此宝地，居住在这里的主人那自然也是非同一般的人了。

恭亲王奕䜣并不是恭王府的第一位主人，咸丰帝将庆王府收回并转赐其弟奕䜣后，这才开始改称为恭王府。

那么在奕䜣搬进恭王府之前，恭王府里住过什么人？

恭王府的第一位主人是和珅。乾隆四十一年（1776年），和珅开始在这东依前海、背靠后海的位置修建他的豪华宅第，当时称为"和第"。尽人皆知，和珅是乾隆帝晚期的宰辅、大学士，乾隆身边的大红人，是历史上著名的贪官，在清史中十分惹人注目，他的传说也多不胜数。他的儿子丰绅殷德娶了固伦和孝公主，这座豪宅自然而然也就成了公主府。

乾隆帝归天十五日后，嘉庆帝赐死了和珅，抄了他的家，将和珅的这座府邸一半分给了固伦和孝公主，一半分给了庆郡王永璘。庆郡王永璘，在历史上不起眼儿，可他身份显赫，是嘉庆帝最小的弟弟。永璘盯上和珅的这座豪宅也不是一两天了，早在和珅当道时，他的皇子哥哥们就一起商量着无论将来谁当上皇帝，都一定要"办"了和珅，可他在边上就一句话："将来无论哪位哥哥当皇帝，只要把和珅的这座豪宅一部分赏赐给我，我就知足！"后来嘉庆帝赐死了和珅，就把和府的一部分赐给了"不爱江山爱豪宅"的永璘，称为王府。

咸丰年间，咸丰帝将庆王府收回转赐给奕䜣，奕䜣之后恭王府里面还住了很多人，只不过在恭王府里面住的最高级别的人就是恭亲王奕䜣了，所以人们为了方便就一直叫作恭王府。

恭王府到了晚清，还一直属于皇家贵族，民国初年，这座王府被恭亲王的孙子溥伟以四十万大洋卖给教会，后由辅仁大学用一百零八根金条赎回，并用作女生学堂。新中国成立以后，王府曾

恭亲王奕䜣

被公安部、风机厂、音乐学院等多家单位使用过。1988年恭王府花园对外开放，2008年恭王府完成府邸修缮工程后全面对外开放。

为什么会有"一座恭王府，半部清朝史"的说法

恭王府于乾隆四十一年（1776年）由和珅始建，当时称"和第"。

后来和珅借固伦和孝公主与其子丰绅殷德成婚为由，僭侈逾制，仿紫禁城宁寿宫式样扩建（此为和珅被赐死的"二十大罪"之一）。和珅在大兴土木修建宅第时，曾派心腹呼什图通过宫内总管太监萧得禄等人偷偷潜入大内把宁寿宫的建筑式样、内部装修做成烫样，然后在和家宅院中修起了楠木建筑的房屋，即庆宜堂，后易名为今天犹存的锡晋斋。楠木在过去只有皇家可以使用，这条也成为和珅的"二十大罪"之一。除了不应该用楠木建造房屋外，还有四座毗卢帽门口、三十六对铜路灯和五十四个太平缸，这些物件连亲王都不应该用这么多，而且铜路灯极为精致。大戏楼里北边低的是看台，南边高的是戏台，在戏台下面埋了九口大水缸，用来制造共鸣传音，正因为如此精巧的布局，与京城众多达官显贵的住宅相比，和宅也是数一数二。

乾隆帝归天次日，嘉庆帝便剥夺了和珅的军机大臣、九门提督两职，抄了其家，估计全部财富约值白银八亿两，富可敌国。所以有"和珅跌倒，嘉庆吃饱"的说法。

后来，在恭王府居住的庆僖亲王和丰绅殷德的后人们分别败落，直到咸丰元年，咸丰帝将和珅的住宅收回转赐给其六弟恭亲王奕䜣。咸丰二年四月二十二日，恭亲王奕䜣迁居此府，始称恭王府。

恭王府几经辗转，又屡次改建，但嘉乐堂、天香庭院、锡晋斋、寿椿楼等和珅所建的基本建筑都还在。单从内部结构与装饰的精致来看，恭王府绝对可以称得上一流。

从乾隆朝的和珅宅邸，到嘉庆朝的庆郡王府，再到咸丰以后历经四朝的恭王府，这座宅邸见证了中国最后一个封建王朝一步步走向衰败甚至灭亡的过程，清朝十二帝，它经历了七帝时代，与其历代主人的兴衰更迭、清朝的政治发展、权力斗争息息相关。尤其是权倾一时的大学士和珅以及三朝重臣恭亲王奕䜣，更是各自时代中举足轻重的人物，历史地理学家侯仁之评价恭王府时说"一座恭王府，半部清朝史"，一点都没错。

恭王府的"三绝一宝"是什么

恭王府花园又称萃锦园，进入园内参观，首先要经过一道汉白玉石拱门，又称西洋门。这道门并不是和珅建园子时留下的，而是恭亲王建造的。

这座具有西洋建筑风格的汉白玉石拱门处于花园的中路之轴线上，是花园的正门。门额上外刻"静含太古"四字，内刻"秀挹恒春"四字，意为享太古之幽静，拥满园之春色，体现了深邃浑厚沉雄苍古的意境，蕴涵着道家的思想理念，也可说是对整个萃锦园艺术风格的概括。据说，这种门当时在北京只有三个，如今却只有此门流传下来，因此成为恭王府的一处"绝妙之笔"，堪称一绝。

著名的大戏楼是恭王府的第二绝。该楼位于邀月台东部，占地面积约七百平方米，可以容纳两百余人，据说是清朝南方的官员为讨得恭亲王的欢心，特请南方的能工巧匠精心建造的。整个大戏楼是纯木结构，虽没有任何音响设备，但却能从各个角度听清台上的声音，戏楼呈三卷勾连搭全封闭的结构，是由一种聚音的木料建造而成。令人奇怪的是大堂上方绘满了倒垂的藤萝。原来，当时这种大堂里的戏楼在北方还很少有，连慈禧太后的大戏楼都是在院子里，恭亲王担心逾制获罪，便让人在戏楼天花板和四面墙上画满藤萝和紫花，且四壁彩绘均为手工绘制，气势古朴清新，使听戏者有在藤萝架下看戏的感觉，意为是藤萝架而非大堂，真可谓用心良苦了。

后罩楼是恭王府的第三绝，位于府邸和花园的衔接处，一百一十一间房屋连成一排，达一百八十多米长。后罩楼是国内王府类建筑中最长的楼，被形容为"九十九间半房子"。后罩楼东部为瞻霁楼，西部为宝

王府大院

约楼。西端的五间房俗称"小迷宫",这里有国内唯一的室内园林景观,两个楼层之间去除楼板,将亭台楼阁和假山溪流等搬进屋里。这几间室内花园将楼上楼下通连在一起,山石叠砌,可上可下,瀑布飞泻,亭台楼阁和小桥流水都非常精致。此楼前檐出廊,后檐墙上每间上各开一窗,上层为形式各异的什锦窗,窗口砖雕精细,楼梯原为木假山形。楼中间偏西一间的下层有过道门,通向府后的花园。

恭王府的一宝是福字碑,这块碑被和珅藏着掖着,却又敬若神明。这块福字碑本是紫禁城的镇城之宝,老谋深算的和珅不知用何手段将其从紫禁城中偷了出来,藏于自家的山洞中,作为镇宅之宝。福字碑上面的福字是康熙帝御笔,是为庆贺祖母孝庄皇太后六十岁大寿将至所题,上面印有玉玺。这块碑不仅因为康熙帝留存人世的题字极少而倍显珍贵,还因其巧费心机的字形而令人惊叹,仔细揣摩福字间,可以读出"多子、多才、多寿、多田",据说孝庄太后也因此碑的灵气而成为清朝最长寿的一个太后。因此这处"一绝"常聚集不少游客用手触摸,希望沾点福气。

传闻,和珅在设计这座园子的时候,共设计了九千九百九十九只蝙蝠藏于其间,取谐音"福"。除了前面的蝠池,后面的蝠厅和中间以邀月台为身子的整体蝠形建筑造型外,其他蝙蝠都藏身于长廊雕版之中,唯有第一万个"福"不是蝙蝠,而是作为一绝的"福字碑"。府内处处被"福"字笼罩,据说恭王府因此宝气不散,以至于在八国联军打进北京时,这座著名的王府居然幸免于难。

为什么说后花园和藏宝楼有和珅招财聚宝的必杀技

和珅以"贪"闻名,据说和珅被抄家后的银子富可敌国。当年和珅为了得到更多的银子,着实花费了不少心思,对整个宅子的布局都做了详尽的推敲。

蝠池形状如蝙蝠展翅，又如元宝，位于府邸后花园入口处，和珅在蝠池的四周种着数棵榆树，因榆树的翅果像铜钱，又叫榆钱。每到春末，榆钱纷纷落入蝠池中，蝠池只有进水口没有出水口，寓意"只进不出"，故蝠池也有着"聚宝盆"的别称。

据说和珅经常在后花园流杯亭设宴款待同僚，在亭中水路的入口处放一个酒杯，仆人从假山上的深井中引水入亭，酒杯随水漂浮前后回旋，酒杯漂到谁的跟前，谁就要赋诗一首，作得不好就要罚酒。流水从亭的南面进入，经过地面的弯曲水道，最后在亭的北边流出，从暗道流入蝠池。而流水出口的位置就是主位，坐北朝南，主人和珅就坐在这里，小祝生辰之际，杯子停在哪位客人跟前，客人就把备好的礼单放在杯中，杯子漂到和珅跟前，和珅在出水处坐收财礼，因此又有一说叫"肥水不流外人田"。地面的水路，从北向南看为一个"寿"字，从东向西看又是草书中的"水"字，所以此亭又叫水寿亭。

恭王府后院紧邻花园的后罩楼，据说是和珅的藏宝楼。

藏宝楼的南面雕梁画栋，俨然一座两层大宫殿，背面是一色青砖墙到顶，墙上开启上下两排窗户，下层是一排长方形窗，上层有四十五个什锦砖雕窗，有方形、圆形、桃形、扇面形、石榴形、卷书形、"福庆有余"形等，这四十五个形状各异的窗子的作用，除通风、采光和装饰作用外，还有一个只有和珅自己知道的秘密。当年和珅将藏品分类放在屋子里，每扇都对应不同的宝物，只要看窗户就知道这个房间里面放的是玉器、字画还是珠宝了，这就是"藏宝楼"每间屋子的窗户形状都设计得不一样的原因。

恭王府里的"独乐峰"是送子观音像吗

恭王府对着花园正门的就是"独乐峰"了,其实这不过是一块造型奇特,高约五米的太湖石而已。"独乐峰"这个名字不是和珅起的,而是恭亲王奕䜣居住于此之后才将此太湖石命名为"独乐峰"的。

这块太湖石,从正面看很像一条鲤鱼,在古代人们把鲤鱼看作是年年有余、吉庆有余的吉祥象征,从侧面看却很像一位妇人怀抱着一个婴儿。据说当年和珅跟随乾隆帝下江南时,偶然在一处园林里看到了这块太湖石,因为所观察的角度,他觉得这块太湖石与寺庙里供奉的"送子观音"十分相像。那时和珅膝下无子,便认为这是老天有意让他看到这块太湖石,所以和珅就花重金将其买下并运回自己的府邸。

说来也真是神奇,这太湖石买回去过了一个多月,和珅的正室夫人就说自己有了身孕,和珅大喜过望,便对着那太湖石拜了三拜。和珅的正室夫人在足月之后生下一个男婴,这就是和珅的独子丰绅殷德,后来被乾隆帝指婚给了固伦和孝公主。

在这个孩子出生前几天,和珅经常梦到一位端庄慈祥的妇人,她警告和珅说:"因你年轻时还算有所作为,所以老天才赐给你这个孩子。若要求得一家的安稳,你要记住以后切勿再贪得无厌,不然你家的香火恐怕难以为继了。"

和珅听后很害怕,因为他明白

独乐峰

自己做了许多亏心事，若再不停手，必定殃及子孙。可是他又转念一想："不行，假如我以后不在人世了，我的家人怎么办，所以说，还是要弄钱。"

所幸的是和珅的心肝宝贝儿不仅长相俊秀，而且伶俐活泼，从小就深得乾隆帝的喜欢，还成了驸马。和珅当时已经位高权重，后来又成了皇亲国戚，其富贵生活更非比寻常。假如和珅在这时能"见好就收"，至少可以保全自己和家人，但他还是一味地搜刮钱财，最终尝到了自己种下的恶果。在他四十来岁时又得了一个孩子，他对这个孩子非常宠爱，可是这孩子出生没几天就夭折了。

后来和珅被嘉庆帝赐死在狱中，他的儿子丰绅殷德则离开了京城。丰绅殷德的夫人曾经生有一子，可这个孩子在很小的时候就夭折了，另外两个女儿倒是平安地长大成人了，不过按照当时的观点来看，和珅家是没有直系血脉的。

和珅梦中所闻终究成了事实，而那块独乐峰却在经历了一百多年的风雨变迁之后依然矗立在恭王府，成为一道独特的风景。

王府大院

两度"潜龙"三度搬迁的王府
——醇亲王府

关于醇亲王府有很多传奇故事，按说一个朝代"醇亲王"的头衔只有一个，府邸自然也是唯一的，那么北京同时存在两座醇亲王府又是怎么回事呢？为什么醇亲王府会成为两个皇帝的"潜龙邸"？有人说醇亲王府里面有纳兰性德种的明开夜合花，纳兰性德和醇亲王府又有什么关系？他为什么要种植明开夜合花？

北京城为何会有两座醇亲王府

按说一个朝代"醇亲王"的头衔只有一个，府邸自然也是唯一的，那么北京同时存在两座醇亲王府又是怎么回事呢？

位于内城西南隅太平湖畔，坐北朝南的醇亲王府的主人叫奕譞，奕譞是道光帝的第七子，咸丰帝的亲弟弟，奕譞在1850年2月奕𬣞登基时按例被封为了醇郡王。

奕譞在政治上并不出色，咸丰帝死后，慈禧太后开始重用奕譞，同治十一年晋封亲王。此外，奕譞十九岁时奉旨与慈禧太后的妹妹成婚，先行分府出宫，所赐府邸正是太平湖畔的宅院。奕譞曾由醇郡王晋升为醇亲王，住的地方也自然称为醇亲王府。

1875 年的一个深夜，太平湖的这座王府里，突然间喧闹异常，人头攒动，慌乱的家人叫醒刚满四岁的孩子，迅速给他穿上从宫中送来的龙袍，接着孩子被抱上停靠在府门外等候的马车，从此离开了自己的家。

这个迷迷糊糊被抱走的孩子就是奕譞的长子——光绪帝载湉。载湉继承皇位一事使醇亲王府发生了重大改变。

雍正帝年间，雍王府即升为雍和宫，"皇帝发祥地"又称"潜龙邸"，须升为宫殿，或者空闲出来，改为庙宇，总之不能再作居住之用。这就意味着奕譞必须搬离自己居住已久的家。

随着醇亲王奕譞的迁出，原来的醇亲王府前半部改建为"醇王祠"，后半部作为"潜龙邸"，供人们瞻仰、祭拜。

如今位于西城区后海北沿的是另一座醇亲王府府址，也称"北府""后海醇亲王府"。

这座宅院坐北朝南，西部为王府花园，在这里同样诞生了一个日后成为皇帝的孩子。这座宅院中的孩子出生后不久，光绪帝驾崩，生前未曾留下子嗣。国不可一日无君，于是慈禧经过斟酌，最终钦点了在这座宅院出生的孩子为继承人，这个孩子便是史上有名的"末代皇帝"溥仪，而他父亲是这座宅院的主人，名叫载沣，是光绪帝载湉的弟弟，醇亲王奕譞的另一个儿子。载沣继承了父亲奕譞的"亲王"爵位，自然便成为什刹海醇亲王府的主人。

由于溥仪的降生，什刹海北岸所在的醇亲王府再一次成为"潜龙邸"，载沣一家只能再次搬迁。

当第三座醇亲王府正在修建时，辛亥革命爆发，封建制度被推翻，延续了近三百年的清王朝走向覆灭。然而，两度"潜龙"、三次搬迁的醇亲王府却成为多年后人们记忆中颇为神秘的一段传奇。

王府大院

醇亲王府里为何有纳兰性德种的明开夜合花

后海的醇亲王府的前身是康熙年间曾为宰相的武英殿大学士明珠的宅第，到了清朝末年，此王府又成为末代皇帝溥仪的父亲载沣的住所。因此在这座古老的醇亲王府中有明珠之子——清初诗人纳兰性德（1655—1685 年）亲手种植的明开夜合花。

醇亲王府南楼前、绿水边有两株明开夜合花（又名合欢树，因叶子昼开夜合而得名。正式名称为白杜，俗名丝棉木），这种树在北京地区不多见，古树更少，这两株据说树龄已有三百余年。

这两株明开夜合花是纳兰性德少年时，有一次去西山游玩，回来时移来两株合欢树的树苗，种植到了自家的花园里，每日浇水、松土，悉心照料。也许最初只是一个少年的玩心而已，可谁想到这两株明开夜合花竟顽强地活了下来，还长成了树。后来，纳兰性德每日在树下读书，在树前习武。日复一日，年复一年，树长高了，纳兰性德也长大了，烦恼多了，心事也多了，无人倾诉的时候，就说给这两棵树听，也许纳兰性德的秘密，它们都知道。纳兰性德还写有和明开夜合花相关的诗句：阶前双夜合，枝叶敷花荣。疏密共晴雨，卷舒因晦明。影随筠箔乱，香杂水沉生。对此能销忿，旋移近小楹。

恩波亭是不是渌水亭原址

纳兰性德的诗词中，写景状物关于水、荷花的比较多。纳兰性德把属于自己的别院命名为渌水亭，一是因为有水，二是因为慕水之德以自比，并把自己的著作也题为《渌水亭杂识》。

康熙年间的某个春日，武英殿大学士明珠的府邸花园中热闹非凡，相国之子纳兰性德正在渌水亭前大宴宾客，座上有很多来自江南的名士。

纳兰性德当场写了一篇《渌水亭宴集诗序》，其中用一段优美的文字描绘自家园林的周边风光：予家，象近魁三，天临尺五。墙依绣堞，云影周遭；门俯银塘，烟波混淆浤漾。蛟潭雾尽，晴分太液池光；鹤渚秋清，翠写景山峰色。云兴霞蔚，芙蓉映碧叶田田；雁宿凫栖，杭稻动香风冉冉……

乾隆年间，乾隆帝将此花园赐予第十一子成亲王永瑆，称为成王府花园。成亲王永瑆将"渌水亭"修葺翻建成新。为感谢朝廷特许引玉河之水入园，所以将王府花园池水边的六角亭子命名为恩波亭——即感恩皇上赐清波的意思。

新中国成立后，花园成了宋庆龄的故居，现在列为全国重点文物保护单位，对游人开放。根据溥任先生考证，现宋庆龄故居中的恩波亭，即建在当年纳兰性德宴集宾朋之渌水亭原址上。

宋庆龄晚年为什么会住在醇王府

20世纪50年代初，宋庆龄常在北京、上海两地工作和生活。她在北京的住所位于方巾巷。那里道路狭窄，环境较为嘈杂，政府考虑为她另修一幢新住宅。宋庆龄觉得国家正在大兴建设，各处都要用很多资金，就一再谢绝。1960年，政府安排她迁入北京西河沿居所，但由于房屋潮湿，经常引起她的关节疼痛。

党和国家领导人考虑到宋庆龄是国家的著名人物，为中国革命作出过无可取代的重要贡献，而且她在国际上享有声望，经常要在住所会见一些中外宾客，应该有一处适宜居住的地方。尽管当时国家正处于社会

王府大院

主义建设初期，但考虑到宋庆龄的特殊身份和需要，仍然破例决定为宋庆龄新建住所。

1962年，周恩来总理受党和政府的委托，亲自主持在北京后海北沿已经荒芜的醇亲王府里开辟出一处幽静花园，为宋庆龄修建了一幢中西合璧的两层寓所。第二年春天，宋庆龄迁入新居。这座门牌为后海北沿46号的院落，成为她生命最后18年的安居地。

1981年5月29日，宋庆龄同志在居所逝世。1981年10月这里被国家命名为"中华人民共和国名誉主席宋庆龄同志故居"，1982年5月29日起对外开放，成为广大人民学习中国近现代史，学习孙中山、宋庆龄革命精神的场所。宋庆龄故居被国务院列为国家重点文物保护单位，还被评为青少年教育基地、全国中小学生研学实践教育基地等。

两代帝王潜龙居——雍和宫

雍和宫位于北京市区东北角，最初是康熙帝在1694年建造的府邸，赐予了他的四子胤禛，即后来的雍正皇帝。因为雍正皇帝在这里居住，所以被称为雍亲王府。雍正三年（1725年），雍亲王府改为行宫，并更名为雍和宫。乾隆九年改为喇嘛庙，是北京地区最大的一座藏传佛教寺院。到过雍和宫的人，无不被它辉煌的皇家园林建筑、神秘的藏传佛教造像以及藏传佛教文化所吸引。

王府为何改行宫

寻着历史足迹，雍和宫最早可以追溯到15世纪。康熙三十三年（1694年）胤禛搬进新造府邸，取名贝勒府。康熙四十八年（1709年），胤禛晋升为和硕雍亲王，贝勒府也升为雍亲王府。这时雍亲王府从规模、建制到人员配备，与从前的贝勒府相比都不可同日而语。然而，这座昔日的贝勒府真正发生历史性改变则是康熙六十一年（1722年）。

1722年，康熙帝驾崩，同年，他的第四子胤禛继承皇位，改年号雍正，胤禛随即迁入宫中，但他对居住过三十余年的府邸已经有了感情，于是，将这里改为自己的行宫，正式赐名雍和宫。雍和宫作为帝王行宫和"龙潜福地"的历史便由此开始。

雍正十三年（1735年）八月二十三日，雍正帝驾崩于圆明园，爱

王府大院

· 15 ·

新觉罗·弘历即位,也就是后来的乾隆帝。乾隆帝一改清朝旧制,于同年九月将父亲棺椁安放雍和宫,雍和宫也因此结束了它整整十年的帝王行宫历史。其间,为迎棺椁,雍和宫主要建筑在十五天内改覆黄瓦,雍正灵柩就安放在雍正当年的寝宫(今永佑殿)。乾隆元年(1736年)十月十一日,移棺易州西陵,此后,永佑殿成为常年供奉先帝的影堂。

从贝勒府到雍亲王府,再到行宫,雍和宫每一阶段都上演着不同的宫廷斗争,留下了许多至今无法解开的历史疑团。

雍和宫

康熙是因宠爱乾隆传位雍正吗

康熙帝玄烨和乾隆帝弘历,均为中国历史上杰出的封建帝王。祖孙二人不仅以显赫的文治武功著称于世,而且彼此之间浓重的骨肉亲情也是帝王家所罕见的。

康熙帝晚年,子孙众多,这些皇孙很少能有与祖父见面的机会。然而与兄弟们相比，乾隆帝算是最幸运的一个了，一次偶然的机会，使他得到了康熙帝的直接关怀和培养，祖孙俩从此建立了深厚的感情。

康熙六十一年（1722年）三月，康熙帝六十九岁万寿节即将来临。一天，雍亲王胤禛恭请父皇到圆明园牡丹台观赏盛开的牡丹，然后奉康熙帝进宴。席间，胤禛向康熙帝奏报了弘历的名字，康熙帝一时高兴，当即命人带来觐见。十二年来，弘历还是第一次见到自己的祖父，这时他虽然显得有些拘谨，但稚朴的脸上依然带着几分聪颖。康熙帝见即惊爱，遂降旨将弘历带到宫中育养。

当时，康熙帝就住在离圆明园不远的离宫畅春园内，为了使皇孙能经常与他接近，便把祖孙俩初次相见的牡丹台赐给弘历作为起居、读书之所。自从见到祖父之后，康熙帝又为他选定了武术老师，教他学习射箭和使用火器；同时，还亲自教他读书，讲解文意。

四月十三日，康熙帝巡幸来到热河避暑山庄，又把弘历安排在离自己的"烟波致爽"殿很近的"万壑松风"殿居住。祖父进膳时，总忘不了拣几样好吃的菜肴、点心给孙子；每当习射之时，弘历都非常认真地开弓，一下子射中靶心，站在后面的康熙帝捋着胡子，露出开心的笑容。闲暇之时，祖孙俩经常一同漫步，山庄内"凡三十六景之地，无不周览"。

九月底，康熙帝携弘历回到北京，当即将其安排在紫禁城内离自己寝宫不远的毓庆宫内。然而一个多月后，一代英主康熙帝便病故于畅春园。后来弘历登基，为了纪念祖父的恩德，专门题写了两块"纪恩堂"匾额，分别悬挂在圆明园牡丹台的"镂月开云"殿和避暑山庄"万壑松风"殿内的最高处，并以此传世。

直至五十多年后，弘历也成为一位须发斑白、儿孙满堂的老皇帝时，与祖父康熙帝朝夕相处的日日夜夜，儿时的往事依然历历在目。有人认为，康熙帝因宠爱弘历而传位于其父胤禛，就祖孙之间的感情而言，这个观点也是有一定道理的。

王府大院

雍和宫的木雕三绝是什么

参观雍和宫，不能不看雍和宫内享誉中外的木雕三绝。

昭佛楼，原为乾隆帝生母钮祜禄氏孝圣宪皇太后拜佛之所。昭佛楼北四间面南供有 2.5 米高古铜铸释迦牟尼佛着水纹衣立像，两侧为弟子阿难、迦叶。

昭佛楼殿内依北墙设护佛巨龛，通体高 5.5 米，宽 3.5 米，进深 2.5 米，是用珍贵金丝楠木雕镂，佛龛从地面直达楼顶，贯通二层大殿阁楼，龛体里外三层。佛龛上雕琢有正龙、侧龙、行云龙、布雨龙、盘柱龙、滚地龙等各态金龙，共有九十九条。细观此龛，制作匠人以浮雕、圆雕、镂空雕等多类手法，使其金龙体态一波三折动感强烈，可谓活灵活现。

法轮殿为寺院僧侣集体诵经的场所，俗称大经堂。殿内正中所供 6.1 米宗喀巴大师铜坐像的北面，陈设有一座高 2.5 米、宽 3 米的大型佛传故事题材艺术品。它采选名贵紫檀木雕凿山体，其上供有由金、银、铜、铁、锡五种金属铸造的五百尊罗汉，故称"紫檀木五百罗汉山"。五百尊罗汉法相精美、栩栩如生，罗汉们或对坐论道，或骑鹤飞升，或乘龙遨游，或莲池放生，或相对参禅，或洞中入定，或松下对弈，或吹箫引凤，其神采惟妙惟肖，目不暇接。这五百位修行者在峰峦崖洞、瀑布溪流、青竹翠柏造型的衬托下，极为生动。

出法轮殿，便是高 25 米，飞檐三重的万福阁。阁中最令人瞩目的是由整块檀香木刻成的弥勒像，珍贵的木料由七世达赖喇嘛进贡。佛尊通体，地上部由脚至顶高达 18 米，地下部之基础深藏 8 米，通高 26 米。此佛为藏式风格站立形象，佛尊面部表情庄重慈祥，眉眼舒展，平视前方；其身遍饰璎珞，双肩庄严以藏式宝相莲花各一，且每朵莲花各出根蔓一支，沿大佛双臂缠绕延伸，直达佛之左右掌中。佛尊右臂及手掌屈于胸前，食指与拇指相结，轻捻右莲根蔓之梢，左手略低于右手，以同样的手势捻住左臂莲花蔓梢，大佛颈部还悬挂着一串巨大的佛珠，共有一百零八颗，更衬托出大佛的不同凡响。1990年，雍和宫弥勒大佛被载入吉尼斯世界纪录，成为独木雕刻佛像世界之最。

乾隆在雍和宫内竖立"大黑熊"是为了打贪吗

雍和宫法轮殿东配殿内，陈列着两个巨大的黑熊模型。说是乾隆打猎时，用火箭和弓箭射获两只熊，一只重九百斤，一只重千余斤，后来制造两只黑熊模型置于此。据说，那只千斤熊与乾隆朝著名腐败案件"九卿吊弓匠"有关。

说弓匠营中有一个老弓匠，老姓为钮祜禄氏，名叫常富，排行老二，人称富二爷。常富每天练功，一身好武艺，射箭准，射出的箭的力量也大。有一年常富在虎枪营当差，由于朝廷此次要求必须拉硬弓的人当护卫，因此常富有了随乾隆帝去吉林围场秋狝（音同"显"）的资格。所谓"秋狝"，就是行围狩猎。这次秋狝在最后合围时，圈住了一只大狗熊。皇帝打猎遇到熊不算什么大事，乾隆帝十二岁时就曾用火枪击倒过熊，从而得到祖父康熙帝的赏识，现在乾隆帝年过四十，仍争强好胜，一见有大熊，非要自己亲射不可。

乾隆帝骑马奔向狗熊，距狗熊十丈时射出一箭，狗熊应声倒下。众将士齐呼"万岁"，欲上前捆绑邀功，没想到狗熊受了伤还能重新站起，劲大无比，连着打倒几个近前的侍卫，摇摇晃晃直奔皇帝而来。正在大家不知所措时，一支利箭直穿狗熊咽喉，狗熊立即毙命，射箭者正是常富。皇帝转危为安，心中大喜："我八旗将士中仍有硬弓射手，国强有望！"乾隆帝想到自己十二岁时火枪击熊，受伤之熊倒地复起，是祖父

用火枪一枪让复起之熊毙命；这次中箭之熊倒地复起，是一名弓匠长解除危险，于是顺手把手上射箭用的翡翠扳指脱下来，赏给了常富。

常富是个老光棍，清朝有个习俗，如果本人健在但是无后，可以认一个义子。于是许多人打起了常富财产的主意，尤其是乾隆帝赏的那个翡翠扳指，更是无价之宝。自从常富从围场护驾归来，不到十天，竟有九名六品以上大员认常富为义父。重阳节，九个儿子齐来拜寿，轮番敬酒，常富醉后就没醒来。

常富一死，皇帝御赐扳指由谁来继承？九个"儿子"为了谁给常富打幡、摔盆的事情，闹上了顺天府大堂。此事惊动朝廷，乾隆帝听了龙颜大怒。九名大员为了一个扳指，不顾脸面争着给一个弓匠当"孝子"，于是把九位"孝子"全部免职流放至黑龙江东京城。

乾隆帝下旨把黑熊制成模型陈列在雍和宫内，一是为了纪念祖父康熙帝率自己打猎，十二岁就狩猎了一只大熊；二是为了表明自己反腐的决心，有时想，是不是对这九名大员处理太重了呢？可是不处理贪官怎么保证江山安全？人们评价乾隆帝时说，处理了九个小贪官，培养了一个大贪官。

雍和宫的旗杆为何会落泪

雍和宫是北京地区现存最大的藏传佛教寺院，雍正帝驾崩后，乾隆帝将其改为藏传佛教寺院。关于雍和宫的传说有很多，但是流传最广的是近代一个故事。

雍和宫内，有四根清朝时竖起的木制旗杆，其中有两根高约三十米，另外两根高约二十米。较高的两根竖立在昭泰门内左右两旁，较低的两根竖立在雍和宫大殿露台下的东西两侧。从清朝时，它们就一直默默地立在雍和宫内，并不被人注意，然而在七七事变后，日本侵略者闯

入北京城，这四根旗杆就成了众人关注的焦点。

一天傍晚，一名喇嘛经过雍和宫主殿露台下，他惊奇地发现旗杆正在滴水，而这个时候，另一名喇嘛也发现昭泰门前的旗杆也在滴水。很快，"旗杆会落泪"的消息传遍了整个雍和宫，大家都来到旗杆的下面，看到旗杆的铜帽处正在不停地往下滴水，而且整根旗杆与旗杆石座都被淋得湿漉漉。

已经有很多天没有下雨了，为何这些旗杆会有水流下呢？有人说，这是菩萨在显灵，而更多的喇嘛认为这是因为日寇入侵，连旗杆也在为祖国的山河被践踏而哭泣。一时间，雍和宫的旗杆因日寇侵略而哭泣的消息传遍了整个北京城，这一消息也点燃了人们对日寇的仇恨，复仇的情绪很快在北京城内蔓延。

后来，雍和宫中的一名少年喇嘛脱下僧袍，走进了抗日救国的队伍中。雍和宫中的其他僧侣都很担心少年的安危，可又不知道去哪里找他，只是不停地在寺院内为他祈祷，希望他能平安归来。

一天晚上，几个喇嘛从大殿中走出，正要回房休息，突然看见一名少年站在昭泰门的旗杆下望着大家。有人认出他就是参加抗日队伍的小喇嘛，于是大家纷纷迎上去，可是，等大家走近后，却发现少年消失不见了。几个喇嘛见此忧虑不安，不久后传来少年阵亡的消息，而这一天，雍和宫旗杆滴的水很多，喇嘛们都觉得旗杆也在为少年的早逝而难过。

如今，雍和宫的旗杆已经不再流泪了，据说它们在抗日战争胜利的当天晚上就不再滴水了。也有人说雍和宫的旗杆根本就不会"流泪"，滴水的事情是人为的，一定是有人爬上旗杆，用水灌满了铜帽，这水便顺着铜帽的缝隙流了下来，从而制造出旗杆流泪的现象。

可是，谁会爬上旗杆灌水呢？大家猜来猜去也没得出个结论。不过那位参加抗战而牺牲的少年，生前却是个攀爬的能手。

王府大院

礼王府的房，豫王府的墙
——礼亲王府、豫亲王府

王府是封建社会等级最高的贵族府邸。关于铁帽子王府，老北京有"礼王府的房，豫王府的墙"的说法。在十二座铁帽子王府中为什么只有豫亲王府门前的石狮子是卧狮？建协和医院的钱是从豫亲王府里挖出来的吗？礼亲王府的花园又为什么会成为园林式食府？这其中有着怎样的故事呢？

礼亲王府和康王府是同一座王府吗

礼亲王府是清太祖努尔哈赤第二子、清初开国"八大铁帽子王"之首的代善之府。礼亲王府位于西城区西安门皇城根南街路西，南起大酱房胡同，北至颁赏胡同，占地约三十公顷。在清代所建的诸多王府中，面积最大的就要数礼亲王府了。老北京有"礼王府的房，豫王府的墙"的说法，可见礼亲王府的房之多。

礼亲王府由三路院落组成。正中轴线上有正门五间；正殿七间两旁附转角廊、东西翼楼各七间；后殿五间两旁有转角房、东西配殿各五间，后殿以北又自成院落，前有内门，门内为前后两层寝殿，面阔均为五间，后寝前出轩三间；最后有罩楼七间，下层前出轩三间。现大殿门下部雕有云龙，工艺为明代手法。规模雄伟，占地宽广，重门叠户，院落深邃是礼王府的一大特点。王府的西部是花园，亭台楼阁错落有致，设计十分巧妙。东部是王爷和其家人休息的房间。

顺治十六年（1659年）代善之孙杰书袭礼亲王爵，改封号为康亲王。此处府址是杰书袭封后择址新建的，亦称康王府。乾隆四十三年（1778年）恢复杰书礼王的封号，改称礼亲王府。嘉庆十二年（1807年）礼亲王府失火，后经嘉庆帝赐银万两由当时的礼王昭梿主持大体按照原式在原址重新修建。

1928年，南京政府把北京改成了北平，礼亲王府也变成了一所私立大学。1947年3月，当时的教育部核定校名为华北文法学院，但是在北平还是习惯称华北大学。1984年被公布为北京市文物保护单位，由国务院事务管理局使用，不能参观。

礼亲王府的花园是现在的白家大院吗

现在位于北京市海淀区苏州街29号的园林食府，原是第四代礼王杰书于康熙年间建造的"礼亲王府花园"。礼亲王府花园占地约五十亩，南北走向，呈长方形，布局主要以对称为特点。该园在营造之中学习了许多江南园林的元素，园中水池的布置、山石的堆叠上都很有江南园林的风韵。

花园分前区、中区、后区三部分，前厅建有主厅，中区为玉兰院，遍植玉兰、牡丹，后区为三座三合院，是亲王及内眷的寝宫。从中可以看出前区为亲王理事待客的场所，中区为踏花赏月的憩园，后区为生活休息的地方。

民国初年，这座景致幽雅、尽显一时皇家造园艺术典范的王府林苑转给了同样声势赫赫的同仁堂乐家，更名为乐家花园，现属于市级文物

王府大院

保护单位。电视剧《大宅门》讲述的白氏一家的故事便是以同仁堂乐家为蓝本，因而，现在原址上最大的一家餐厅也取名为"白家大院"。

只不过随着岁月的推移，当初姓爱新觉罗的园主已经不知在何处，同仁堂乐家也不再是这处园子的主人。它也没有像多数园林那样成为经典，而是成为一家名为"白家大院"的清代园林式食府。

将花园改为食府，有效地利用了该花园的资源并且进行有效的维护，也使得清式饮食文化得到了保留。

豫亲王府的墙为什么比其他王府的墙高三尺

豫亲王府坐北朝南，大殿两侧各有三进院落的东、西跨院，院中轴线上建筑有大殿和后寝部分，近似紫禁城的外朝与内廷。

豫亲王府的院墙比别的王府要高出整三尺，这在等级森严的清代是逾越祖制，是要被杀头的。即使不杀头也要流放东北边疆地区，永不录用，可豫亲王府却没事，这到底是为什么？

关于豫亲王府的墙还有一个故事。

乾隆帝可谓是中国历史上一个承前启后了不起的帝王，能诗善赋，能文能武，其在位期间江山稳固，国富民强，政通人和，百废俱兴。乾隆帝不仅统帅国家朝纲是一把好手，下象棋也是一把好手，豫王府的豫王爷碰巧也爱下棋。乾隆帝经常与豫王爷一起对弈，常杀得是昏天黑地，难解难分时才罢手。论棋力，双方是各有输赢，互不相让，可谓是棋逢对手，将遇良才。

有一天乾隆帝又来找豫王爷，君臣二人酒过三巡、菜过五味后，忍不住又要博弈几盘，结果五比五胜负对等。乾隆帝不高兴了，对豫王爷说："棋下得不错啊，朕不赏你说不过去，这样吧，朕准你府墙加高三尺！"豫王爷一听，心里美啊，这府墙高低可是级别的表示，加高府墙不就是赏给荣耀吗。

于是，豫王爷喜滋滋地接旨加墙。等墙修好了一看，他们家这墙和大狱的院墙一般高。豫王爷这时候才明白，加墙实际上是把自己禁锢得更严实了，乾隆帝真正的意思是要囚禁他终身，真是后悔莫及啊。

北京协和医院的前身是豫亲王府吗

辛亥革命的一场风暴，打破了纨绔子弟的昔日辉煌，这些王孙贵族的好日子到头了，先是偷着卖祖宗的收藏，收藏卖得差不多了就又惦记上祖宗的房产了。卖掉祖产，中国人买不起，只能卖给外国人，最后豫王的后人就把豫亲王府卖给了美国煤油大王，双方立了字据，拿了银子，这就开始往外搬家。

北京协和医院

王府大院

豫亲王府里有一个老人是伺候老王爷的，岁数大了，主人家念其有功，便把他养了起来。有一天，伺候他吃饭的人告诉他王府被卖掉了，他也得挪挪窝了。老人家耳聋，伺候他的人又扯着嗓子告诉他："王府卖了，咱得搬家了。"老人一听就急了，赶紧拽着伺候他的人一起去找少福晋。老人见了少福晋，也顾不得满脸的汗水，气喘吁吁地问："少福晋，咱这王府给卖了？"

"哦，卖了。您看，正搬家呢！"少福晋对老人说。

"哎呀，那咱王府里的银窖挖出来没有？我刚进府的时候，听说过咱府上埋了一大窖的银子。"老人喘着气说。

少福晋一听，赶紧让下人去找少王爷。少王爷一听说家里有银窖，乐得双眼直放绿光，平常的矜持也没有了，三步并作两步跑了过来。"您知道咱家的银子都埋在哪里了？"少王爷直奔主题。

老人说："我当年在老王爷的书房里见过那张银窖图，我那时候年纪小，只记得个大概。"

少王爷搓着手，在地上来回地踱步。现在这王府卖给了美国人，这可怎么办？少王爷缓过神来，赶紧找几个下人准备开始挖。

然而，消息已经让美国人知道了，正当少王爷带着下人准备掘地三尺、大干一把的时候，美国买家带着官府的人杀上门来。他们拿出了字据，拦住不让挖，少王爷哑巴吃黄连，有苦说不出，没办法，产业现在是人家的了，只好卷铺盖走人。结果美国人修建协和医院盖的大楼，后来又买了许多设备，花的都不是自己的钱。

至于门口那两个石狮子，它似乎向人们诉说这里曾是豫亲王府！

豫亲王府门前的狮子为什么是卧狮

在清朝十二家"铁帽子王"中，有八家是因军功受封，即礼亲王、郑亲王、睿亲王、豫亲王、肃亲王、庄亲王、克勤郡王和顺承郡王。这八家"铁帽子王"均为清朝"从马上得天下"的开国元勋，为清王朝的建立立下过汗马功劳。那为什么在北京城里诸多的亲王府上，唯独豫亲王府门前的狮子是卧狮呢？

豫亲王多铎是清太祖努尔哈赤第十五子，与摄政王多尔衮、英亲王阿济格为一奶同胞。顺治帝入关定鼎北京后，摄政王多尔衮正思遣将南下，西部传来捷报：多铎和英亲王阿济格在追杀李自成时一路上陆续攻下灵宝、洛阳、绥德……已拿下西安。多尔衮在大喜之余即召回多铎，并奏请顺治帝下旨封多铎为定南大将军，命其统军南下攻取江南残余的明朝之地。

豫亲王府大门

多铎是位猛将，领旨后便领兵南下，在多铎的八旗劲旅进攻下，一路上的城池望风而降，但到达扬州时却遇到明朝扬州都督史可法率军民的顽强抵抗。史可法率扬州城内军民与清军血战，坚守扬州城多日，让进攻的清军付出了很大代价。史可法坚守扬州城直到粮尽矢绝，他被俘后宁死不屈而殉国。他死前，面对劝降的多铎说："你们可以把我碎尸万段，切不可伤害扬州城的百姓！"说完便引颈就戮。多铎虽佩服史可法，但他深恨史可法和扬州军民的拒降和抵抗，遂令清军屠城十日。此后多铎又继续南下，不日又攻下南京……江南捷报不断传入清廷。多铎从北到西，从西到南，长年征战，为清朝立下赫赫战功。

据说，顺治帝为了嘉奖这位劳苦功高、功勋卓著的多铎，特下旨赐豫亲王府门前的狮子是卧狮，意即多铎为朝廷征战劳苦，现在天下已定，应该安享清福了。

京城王府花园之最——郑亲王府

郑亲王府最为著名的是它的花园——惠园，园林采用的是清代文豪李笠翁的设计稿。花园的后面是雏凤楼，雏凤楼前有水池，水池后面即内宫门楼，内宫门楼后有高丈余的瀑布，几百米远就可听见瀑布之声。令人最奇怪的是，为什么堪称京城王府花园之最的郑王府，却因一部恐怖片就变成了凶宅？

郑王府花园里的太湖石为什么会在东单公园

郑亲王府邸建成后，历代袭王均有修缮或扩建，动工规模最大的一次是第八代袭王德沛对花园的扩建。据说德沛有一次查点自己府中的库银，发现收入颇丰，他怕自己落得像老祖父一样的下场，便把多余的钱财在王府西路建成了一座花园，并将花园命名为惠园，相传园林采用的是清代文豪李笠翁李渔的设计稿，是京城所有王府花园中最大最壮观的，堪称京城王府花园之最。

郑王府花园当年的繁华我们今天已经见不到了，只能从古人的描述中想象当年的美景。据清代钱泳撰写的《履园丛话》中记载，惠园在京师宣武门内西单牌楼，园内引池叠石，饶有幽致，花园后面有雏凤楼，雏凤楼前有水池。水池后面即内宫门楼，内宫门楼后有高丈余的瀑布。当年这个湖石叠成的瀑布极为壮观，几百米远就可听见瀑布之声。据

王府大院

· 29 ·

郑亲王府大门

《道咸以来朝野杂记》记载："其园甚巨丽，奥如旷如，各极其妙。"

1925 年，由中国大学作保，郑亲王昭煦与天主堂达成和解。中国大学向比利时营业公司借款十五万元代昭煦偿还了债务，并聘请昭煦为校董，以补助其生活。而占地近七十七亩的郑王府，则成为中国大学的新校址，原校址作为附属中学继续使用。园林中的太湖石假山也被悉数拆除，移送到北京东单公园。东单公园是以山石、荷池、花木、亭台为主要造景结构的街头公园。特别是在西门附近土丘旁，用太湖石和青石叠成的曲折幽邃的隧洞，构成入园屏障，以分隔园林空间，同时又发挥了太湖石瘦、透、漏、皱的造景气氛。花木扶疏，湖石依然，曾经堪称京城王府花园之最的惠园里面的水榭楼台以及瀑布流泉，今已不复存在，只留下沧桑的太湖石静静地矗立在东单公园，向人们讲述着几百年前的荣华往事，凭吊着王府昔日的辉煌。

郑亲王府为何变身中国大学

　　西城区大木仓胡同，一处红门绿顶的院落与不远处的现代化的商业街彼此为邻，在众多高楼大厦中，显得有些另类。与旁边的西单商业街的喧闹相比，这里显得更加静谧。写有"中国教育发展基金会"的牌匾表明了院落现在的身份，而立于院门外的石碑上写着"郑王府"，也在向路人诉说着它的身世。

　　清朝覆亡之后，最后一代郑亲王昭煦将王府作了抵押，向西什库教堂借款。1925 年 6 月，借款到期昭煦却无力归还，西什库教堂起诉至法院要求收取王府房产抵债。恰好此时，中国大学为了以后更好的发展，正准备购置新址，考虑到郑王府面积宽广，房宇宏丽，正合本校之用，于是中国大学出资十五万五千银圆替昭煦还了债，1925 年 9 月中国大学迁往大木仓胡同的郑亲王府新校址。

郑亲王府一角

1949 年北平和平解放后，中国大学部分院系教授及学生合并到华北大学和北京师范大学，郑王府校舍成为教育部的办公场所，并一直沿用至今。如今，大门前还伫立着一对铸铁的灯杆，见证着郑王府和中国大学的往事。现在的王府旧址内，仍保留有二宫门、前殿、后殿等许多大型古建。其中面阔七间、上覆绿琉璃瓦的后殿的"逸仙堂"保存完好，当年由谭延闿题写的"逸仙堂"匾额仍悬挂在后殿的屋檐下。

鲁迅、胡适等人都曾在中国大学讲课，李大钊于 1927 年被军阀杀害前，连续五年在中国大学教授政治经济学。中国大学开办三十六年中，共有毕业生近两万名，著名抗日将领白乙化，以及任过北京市领导的段君毅、齐燕铭都曾是中国大学的学生。在 1935 年一二·九运动期间，反动军警曾闯入学校抓捕爱国学生，当年在校园中纪念孙中山的"逸仙堂"中，举办过被打学生的血衣展览会。

为何说一部恐怖片把郑亲王府变凶宅

1949 年 3 月，作为旧北京最有革命传统的高校之一，中国大学因经费匮乏停办，部分院系合并到华北大学和师范大学，校舍成为教育部办公场所。现在的郑王府，已经被列为北京市第三批市级文物保护单位。历经修缮依旧"金碧辉煌"的王府殿堂与杂乱无章的住宅楼挤在一起，颇有岁月沧桑的感觉，曾有"京城王府花园之最"美名的王府花园也早已荡然无存。

郑亲王府经历了被修缮、保存、再利用，穿梭于此的人们或许无法感受到琉璃瓦片中渗出的百年岁月，也很难想起这个院落曾经的主人，发生在这里的点滴也随着王府的变迁、时间的推移变得越来越模糊。

1948 年，北平放映恐怖电影《十三号凶宅》，剧情以郑亲王府为背景，讲述郑亲王被八国联军用战马拖死后，王府日趋没落。当时的宣传海报还使用了诸如"王府之夜，鬼影憧憧。奇情怪闻，兄妹私通。即日上映，勿失良机"这样煽惑性的语言。

《十三号凶宅》充满阴森恐怖，但以真人实地为背景编造故事，老百姓真把郑亲王府当成了凶宅。这引起了末代郑亲王后人金昭煦的诉讼，要求赔偿名誉损失费七十亿法币，中国大学也因电影宣传影响学校招生而要求禁映。当时这一事件闹得满城风雨，法院连续四次开庭审理，最终法院判决电影厂赔偿末代郑亲王后人金昭煦十三亿法币，电影将"郑亲王府"改成"正亲王府"后获准上映。不过官司成了这部电影最好的炒作，电影上映前后非常热闹。

王府大院

皇城里的王府——睿亲王府

北京的睿亲王府有两座，多尔衮死后被削爵，老睿亲王府毁坏严重，康熙年间，康熙帝将久已废弃的老睿亲王府改建成玛哈噶喇庙，之后，乾隆帝又下令将玛哈噶喇庙翻修扩建，改名为普度寺。新睿亲王府位于石大人胡同，那么石大人胡同的新睿亲王府是明朝的旧宅吗？如果是的话它的主人又是谁？

石大人胡同的新睿亲王府是明朝旧宅吗

北京的睿亲王府共有两处：一处是第一代睿亲王多尔衮的睿亲王府；另一处是乾隆年间，乾隆恢复多尔衮睿亲王爵位后其后嗣子孙的

老睿亲王府

府邸。

根据第九代礼亲王昭梿在《啸亭杂录》中的记载，可以得知老睿亲王府最初建在东华门外至南池子以东地区，这里原先属于明朝皇城以内的南宫所在，后来成为乾隆年间户部分司存放缎匹锦帛的库房。老睿亲王府之所以沦为缎匹库，自然是生前无比显赫的摄政王多尔衮于顺治七年（1650年）死后被不断加罪，直至削位鞭尸致使王府荒废的缘故。

关于新睿亲王府，昭梿在《啸亭杂录》中有"新府在石大人胡同"的记载。而这个石大人胡同，其实就是今天的外交部街，之所以命名为石大人胡同，则完全是因为明朝景泰年间武清侯石亨在这条胡同建造"壮丽逾制"府邸的缘故。石亨死后，石大人胡同的豪宅被没收归公，后于嘉靖年间，嘉靖帝赐予咸宁侯仇鸾，仇鸾获罪被诛后该宅又被没收归公，最后几经变更改为公署。入清的时候，先为端重亲王府，后为新睿亲王府。

由此说来，位于石大人胡同的这处明朝旧宅在清朝时期最先是端重亲王府，到了乾隆四十三年（1778年），乾隆帝为多尔衮"翻案"，石大人胡同这处主人多变的豪宅，从此便成为新睿亲王府。

如今，昔日的新睿亲王府已经成为北京市第二十四中学的所在地，只是除了府门前那两只沧桑的石狮与一株大树外，已经没有什么旧物了。

是谁把老睿亲王府建成了普渡寺

顺治元年（1644年），多尔衮指挥清军入关。他先后被顺治帝封为叔父摄政王、皇叔父摄政王、皇父摄政王。清代，明代的南宫成为睿亲王多尔衮的睿亲王府，所以也称摄政王府。

多尔衮发现南宫旧址这个地方紧邻皇城根，这里既可统领兵马，又

王府大院

多尔衮画像

可监管宫廷，于是他大兴土木，将其改建为自己的府邸。他将王府建造得宏伟壮丽，甚至超过了皇宫。王府的地基高于地面几丈有余，加之殿宇宏伟，四周绕以三十六根檐柱，檐椽为三层。多尔衮掌权期间，睿亲王府门前每日都是车水马龙，大小官员往来穿梭，可见他的权势之大。多尔衮每天召集百官来府议事，然后再将已决之议拿到朝廷去走个过场。后来他嫌跑来跑去太麻烦，干脆将皇帝发布谕旨的玉玺搬回府中。多尔衮死后被剥夺王爵的罪名之一就是他在府中议政。

多尔衮死后被削爵，睿亲王府邸遂废。直到乾隆年间，多尔衮恢复名号之后，才将久已废弃的睿亲王府改建成玛哈噶喇庙，隶属于管理民族事务的理藩院。之后，乾隆帝又下令将玛哈噶喇庙翻修扩建，改名为普度寺。

普度寺建筑非常独特，建在高台之上，而且窗棂低矮，但没有僧人。

像普度寺这样典型的满族风格文物建筑在北京仅此一处，也是北京少见的清初风格的古建筑。普度寺的修缮完全按照古建筑传统工艺及文物整旧如旧的原则进行，殿内的彩画穹顶看起来半新半旧，这是因为在维修时要首先使用旧建筑构件，只有当旧件缺损、数量不够时才用仿制的新件代替。普度寺高大的大殿南侧，有一个相对低矮一些的抱厦，面阔五间，它的建筑年代是普度寺的一个谜，有专家根据它与大殿彩绘的一致而认为，它与王府应是同一时期修建的；但也有专家根据瓦件等级判断它的出现应是在康熙年间。

多尔衮算命是不是算出了清王朝覆灭的时间

在古代，凡是一个王朝走向崩溃、灭亡，往往天象会出现各种各样的征兆，民间也会流传出各种各样的预言。这种征兆预言其实是一个社会上的预测，并没有那么神秘。

当年，清王朝问鼎中原、挥师入关之时，摄政王多尔衮护卫年仅六岁的顺治帝福临进入北京。走到京郊的青龙桥，遇到一个算卦的盲人老头，只见他的卦摊高悬一副对联："眼瞎能明古往今来事，手残善断痴男怨女情。"多尔衮一看，"这不是我正要问的吗？反正他看不见，也不知道我是谁。"于是，便上前问道："听说，关外的军队就要进来了，不知他们能不能坐天下？""能坐天下。"算命盲人不假思索地回答。多尔衮心中暗喜，又问道："能坐多久？"算命盲人没有正面回答，却说出了让多尔衮且惊且喜的两句话："得之于摄政王，失之于摄政王；得之于孤儿寡母，失之于孤儿寡母。"得之者，即摄政王多尔衮，孤儿寡母即孝庄太后及其子顺治帝福临；失之者，即宣统帝溥仪的父亲摄政王载沣，孤儿寡母即隆裕太后及宣统帝溥仪。

前者，清军入关这样改朝换代的大事，纵是盲人，看不见，也该听见，明与后金长期对峙，其宫廷内幕自然会成为谈资，盲人所言不足为奇。后者，所言，似乎有先见之明，但是，似乎也只是说出了王朝衰败的一般规律。试看历史上的王朝灭亡之际，哪个不是皇权暗弱、权臣当权、孤儿寡母临朝？

王府大院

睿亲王府真败在了末代睿亲王魁斌的儿子手上吗

末代睿亲王魁斌，御前大臣，清室有名的"无知人"。他连什么是革命党都理解不清楚，因此他的经典语录是："革命党剪发辫，四处为乱，是否白莲教之化名？"

民国四年，魁斌死了，他的儿子中铨被小朝廷册封为睿亲王。中铨和他的弟弟中铭过惯了花天酒地的生活，魁斌死后更没人管了，开始斗富。哥俩儿花费巨款修建新房、花园，每个房间都安上电话，又添了西餐厨房，出门坐汽车。他们还经常和一群豪门子弟在前门外聚赌。1919 年，兄弟二人卖掉了西郊的别墅，拿着两万元钱到天津去玩，两天的工夫，钱就全没了。

民国十三年，家里值钱的东西卖得差不多了，哥俩儿靠当房屋借钱。以十万元把王府中的五百多间房屋当出去，过了没多久又花完了，只得把王府附近家人居住的二十多间小房卖掉，后来又把祖坟墓园中的建筑和树林全都卖掉。

1924 年他们破产，1925 年法院把睿亲王府的房屋查封了。本来这些房屋能卖几十万元，足可还上欠债，但是懦弱无能的中铨听说法院查封了房屋和家产，吓得躲了起来。家人也以为一贴封条，房子和东西都属于人家的了，于是匆忙搬家，将府中的汽车、马车等物品都送给司机、车夫作为工钱。王府中物品因无处存放，暂时寄放在当铺里。四十多个箱子的衣服只开了一张两百多元的当票。可笑的是，四十多箱的衣服后来居然无人过问，以至于两年以后，这些衣服都成了死当，全归当铺所有了。

最后，他们开始卖祖坟上的养身地，一千多亩卖给了看坟人，然后卖衣服、首饰。1931 年，中铨自己去盗祖坟，被判有期徒刑七年，最后死在了监狱中。他的三个侄子只得靠摆小摊维持生活，睿亲王家族彻底没落。

中间易主的王府
——庄亲王府、顺承郡王府

清朝灭亡以后，王府多数被毁坏或者被变卖，有皇上的时候，府邸归宗人府管辖，末代皇帝溥仪退位后，隆裕太后下诏，将各个宗室现所住的府邸均划为私产。难道是这道圣旨让庄亲王府的建筑被拆，然后挪至天津建成了"祠堂"？庄亲王府变成了平安里，顺承郡王府则变成了大帅府？

北京的庄亲王府为什么会变成平安里

庄亲王府的历史可以上溯到明成化二十二年（1486年）十月在此地所建的永昌寺，后来，永昌寺改名为太平仓。

庄亲王府南起太平仓胡同，北至群力胡同（马状元胡同），东起西黄城根北街，西至西四北大街、新街口南大街，面积之大，列各王府前列。《乾隆京城全图》描绘的该府分成三路。中路正北面阔五间，大殿面阔七间，前出丹墀，东西配殿各面阔五间，后殿面阔五间，后寝面阔七间，后罩房面阔九间；西路为花园；东路为附属院落，建筑宏伟。

清代以后，太宗第五子硕塞于顺治元年（1644年）十月封多罗承泽郡王，硕塞长子博果铎承袭亲王爵位，改封号为"庄"。从这时起，

承泽王府遂改称庄亲王府。此后均以庄亲王承袭，八国联军入侵北京时将其府严重破坏。

20世纪20年代，第十三代庄亲王溥绪将王府卖给北洋军阀李纯及其弟。李纯和他的弟弟听说洋人买下豫亲王府后，在盖协和医院打地基时，挖出了豫亲王府埋在地下的陈年老黄金。因此，他们也想用"拆王府"的方式来寻找庄亲王府的宝藏，于是有了移建庄亲王府的行为，希望从中发现隐藏的钱财珍宝，结果毫无收获。

后来他们在庄亲王府原址处建房，称为平安里，刻有"平安里"的门额砖雕保存在西城区文化文物局。因打通干道，后来把此地开辟为平安里大街，并入地安门西大街，新开辟的平安里大街直接穿过原来的庄亲王府区，其址被分割成南北两区，今太平仓西口路北，为庄亲王府的前部遗址。平安里大街路北犹存的几座欧式小楼，是李纯所建。

庄亲王府为什么被拆挪至天津

1914年，江苏督军李纯在北京西直门外，以二十万元购得庄亲王府宅第，将其拆下的建筑部件、材料（琉璃瓦、雕梁画栋、墙砖、石雕等）拆运至天津，于1923年在天津城外西南（现在的白堤路）建成仿古建筑，因整座建筑与紫禁城格局相似，曾受到举报，袁世凯随即派人调查，李纯不敢坦言私宅，谎称用作李氏祠堂。这一说法得到了袁世凯的谅解，随后此建筑群始终被称为"李纯祠堂"。

在2009年修缮过程中，工作人员修复大殿时发现屋顶上的琉璃瓦背面烧铸有"王府"等字样，进一步证明了李纯祠堂来源于庄亲王府的观点。按照旧制规定，黄色琉璃瓦用于皇家，绿色琉璃瓦用于王公大臣。工作人员从琉璃瓦上不仅发现了"王府"字样，还有一些琉璃瓦烧铸有"敕建寺庙"和"雍正年制"字样，部分瓦片上还有制作琉璃瓦的

天津李纯祠堂

作坊名，以及一些不能辨识的满文。李纯兄弟在天津依据庄亲王府原建筑构件重建时，可能原先的琉璃瓦不够用，所以就掺杂不少"民品"。

新中国成立后，李纯祠堂由人民政府接管，命名为"南开文化宫"。李纯祠堂原本应该是四进院落，但由于历史原因，目前的李纯祠堂包括花园和三进四合宫殿式建筑及东西两侧的游廊，主体建筑为砖木结构，青砖绿瓦，朱漆门窗，装饰多鎏金彩绘，殿堂为歇山顶，墙体磨砖对缝。影壁、石狮、石坊、华表、御河、拱桥、戏楼、月台建制整齐，具有典型的中国传统宫廷建筑风格，在天津有"天津小故宫"和"津门庄亲王府"之称，1982年被列为天津市级文物保护单位。

顺承郡王府为什么变成了大帅府

顺承郡王府是顺承郡王勒克德浑的府邸，是礼亲王代善第三子萨哈璘的第二子。顺治五年（1648年），勒克德浑被晋封为多罗顺承郡王，

王府大院

成为清朝开国"八家铁帽子王"之一。顺承郡王府位于太平桥大街路西，南起今华嘉胡同，留题迹胡同稍北，北抵麻线胡同，王府面积大小适中，布局十分严整，整座王府分三路，中路是主要建筑，东西两路为生活居住区。顺承郡王府的建设正当清代初年鼎盛之时，所以建王府时用的都是上等材料。

民国后，顺承郡王将王府租给了皖系军阀徐树铮，战后皖系失败，张作霖率领的奉军作为胜利者进入北京，顺势占据了徐树铮居住的顺承郡王府。这时顺承郡王一家站出来反对了。民国以后，顺承郡王生活过得实在艰难，才将王府租予徐树铮，所以顺承郡王坚决要求收回王府，最后张作霖以七万五千银圆的价格买下了顺承郡王府作为府邸。1921年，张作霖在北京期间，顺承郡王府作为大帅府成为北洋军阀的政治和军事中心，经历了民国初年政坛的风风雨雨。

新中国成立后，顺承郡王府成为政协全国委员会机关驻地，一直被完好保护，只在原王府大门外新建了礼堂。1984年，顺承郡王府被列为北京市重点保护文物。1994年，全国政协修建新楼，将顺承郡王府易地搬迁，迁建至北京市朝阳公园东隅，这是北京的铁帽子王府第一次整体异地复建。

顺承郡王府是否见证了张学良和赵四小姐的爱情

张学良和赵四小姐相继去世，关于他们的谈论也多了起来。在大众的言谈中，他们留下最多的是两人在生命中最朴实的一面，一种温情脉脉的守候和举案齐眉的默契。

张学良和赵四小姐真正与顺承郡王府的"亲密接触"是在1931年。这一年4月他们来到北京，在西城定居，此后住在太平桥大街西侧的顺承郡王府长达数年，顺承郡王府见证了他们的爱情。

虽然他们住在顺承郡王府，但是张学良和赵四小姐还需要一个固定的社交聚会场所，依他们当时的财力和地位，这必定是一座设计精巧、取意新奇、雕梁画栋、大兴土木的宅第。这座"离宫别馆"距顺承郡王府不远，沿王府东墙外的土路（今太平桥大街至赵登禹路一线）一直向北。

"离宫别馆"这座宅院值得一提的还有一些非常精美的砖雕石刻，大门的垫花砖雕、戗檐和咧角盘子砖雕都保存得相当完好，内影壁左上角的"幼童手举荷叶"和大门檐廊门头上的"百鸟嬉戏"显得栩栩如生、惟妙惟肖。在敞厅西面的一组院落中，北房檐廊的门头上雕刻着非常著名的"象眼"。这里的"象眼"砖雕很是有趣，有代表中国传统文化的山水风景的图案，也有体现西方外来文化的西洋庄园的样式。从雕刻上，可以看出张学良和赵四小姐对东西方文化都怀有浓厚兴趣，并且将这份兴趣融入住宅的建造之中。

二人信奉基督教，思想上渗透着对人情的豁达。二人相伴七十余载，毫无悔言，有的只是赵四小姐在《新生命》一文中写道："为什么才肯舍己？只有为了爱，才肯舍己。世人为了爱自己的国家和为他们所爱的人，才肯舍去他们的性命。"以及张学良用浓重的东北口音讲过："这是我的姑娘。"虽然他们现在已经不住在顺承郡王府了，但是张学良和赵四小姐在顺承郡王府里的爱情仍在流传和延续。

王府大院

和《红楼梦》有关的王府
——克勤郡王府

为什么说克勤郡王府和街西的诺尼府是《红楼梦》中荣宁二府的原型？民国后，克勤郡王府最后一代克勤郡王晏森为什么将王府售给了北洋政府国务总理熊希龄？后来又是什么原因让晏森放下前清王爷的架子拉起了洋车，被人们戏称为"车王"？

克勤郡王府是不是被曹雪芹写入了《红楼梦》

入关以后，罗洛浑奉旨在宣武门内石驸马大街修建王府，王府造得巍峨且精致，有三进庭院、正殿、配房，还有后花园。现在，石驸马大街已更名为西城区新文化街，克勤郡王府就位于西口路北。

这所顺治年间所建的府邸占地面积不大，规模远不如礼、郑诸府。从《乾隆京城全图》可以看到，克勤郡王府平面布局与王府规制尚符，正殿阔五间，前出丹墀，左右配殿阔五间，后殿面阔三间，后罩正房面阔七间。由于王府地处石驸马胡同，有人认为是沿用明代勋戚旧宅或驸马府改建。

克勤郡王府是清廷封给岳托后人的三处府邸之一，规模是最大的，与罗科铎第三子诺尼的贝勒府相邻。克勤郡王的后代习惯把西边的平郡王府称为"西府"，把东边诺尼的贝勒府称为"东府"。

乾隆朝的平郡王，就是《红楼梦》作者曹雪芹的亲表兄福彭。曹雪芹与福彭交往有二十多年时间，据说二人关系非常好，因此，曹雪芹定居北京时常在东西二府走动，一部分红学家认为，新文化街东的克勤郡王府和街西的诺尼府是荣宁二府的原型，《红楼梦》中那个天上神仙般的北静王的原型即是平郡王福彭。

据戴逸先生考证，福彭死时，曹雪芹正在创作《红楼梦》，书中所写富家生活，既有破落前曹家生活的实录，也有采自其他王公家庭。平郡王府是当时极显赫的贵族家庭，又是曹雪芹至亲，曹雪芹目睹其家的奢华与排场，印象想必是极深刻，故能对18世纪满人贵族的富家生活写得惟妙惟肖、入木三分。

这两处王府给我们留下了曹雪芹在京城不多的足迹，被国务院公布为第七批全国重点文物保护单位。

熊希龄为何会住在克勤郡王府

随着清廷的覆灭，克勤郡王府也随之衰落，末代克勤郡王晏森和许多旗人子弟一样，靠当家当、卖祖产维持生活，家里已经没有可卖东西的八旗后裔想到变卖祖坟的也不在少数，更有一些穷困潦倒的，把自家的珍宝拿到大街上摆摊叫卖。可末代克勤郡王晏森比这些人更惨一些。

民国时，克勤郡王晏森将王府售给了北洋政府国务总理熊希龄作为住宅，晏森则搬到了宗帽胡同居住，一直过着很清贫的日子，因为没有什么本事，干脆放下前清王爷的架子，拉起了洋车，因此被人们称为"车王"。

熊希龄（1870—1937年），中国近代史上一位颇具政治、社会影响的

王府大院

人物。民国成立后，他跻身政界，历任财政总长、热河都统、国务总理兼财政总长，其政绩毁誉不一。后因不满袁世凯独裁统治，先后辞去财政总长及国务总理之职。

熊希龄退出政界后，专心致力于社会福利和教育事业，建树颇丰。他修治水利、赈济灾民、收养灾童、创办驰名中外的香山慈幼院等。他在克勤郡王府院内设有幼儿园、小学、培养教师的学校，推行"学校、家庭、社会"三位一体的先进教育体制，闯出了一条前人从未走过的新办学之路。他将自己的全部家产捐给儿童幸福基金社，同时还积极投身于抗日救亡运动。1937 年底，上海沦陷，熊希龄抵香港，因旅途奔波和劳累过度而突发脑出血逝世，终年六十八岁。

现在，克勤郡王府后寝的墀头角柱石上尚存熊希龄和夫人朱其慧将财产交由北京救济会的刻字。克勤郡王府在 1984 年公布为北京市文物保护单位。

昔日王府为何又是今日学堂

21 世纪初，克勤郡王府修葺一新，恢复昔日风貌。王府路南影壁尚存，王府前部只存东翼楼；后部的内门、后寝与东西配房、后罩房均保存完整；西部跨院也存大部原有建筑。

克勤郡王府总建筑面积为三千七百一十七平方米，修复前，建筑内房梁已经糟朽不堪，墙体变形，屋顶斑驳，兽件残缺不全。原来五开间的大门已于早年被彻底砸烂、拆毁，门前的大石狮也被搬走，下落不明，后来在大门的位置盖了一排简陋的平房，旧貌无存。那时候的克勤郡王府已经完全看不出痕迹，貌似一个普通大杂院。

负责施工的古建公司坚持"修旧如旧"的文物修缮原则，聘请故宫老专家赵崇茂、朴学林、王仲杰在现场主持指导，严格依照传统工艺要求施工，尽可能恢复清代王府建筑的原貌风格。

克勤郡王府原来被用作石驸马二小的校园，新王府修葺完工后，石驸马二小更名为第二实验小学。昔日的王府，又变成了今日的学堂。古色古香的教室里装有现代化的空调等设施。新克勤郡王府的大门，青砖对缝，鲜红的油漆彩画非常耀眼。工程基本复原了王府的旧日景象，阳光在仿古的屋脊上留下斑驳的树影。

崭新的克勤郡王府现在呼之欲出的红色府门，好像要点燃整条新文化街，整齐的屋脊，青砖高墙中传出小学生琅琅的读书声。

王府大院

段祺瑞执政府前身——和亲王府

　　和亲王府就像一条历史的小河，从清、民国、共和国一路流淌而来，为什么和亲王府会变成段祺瑞执政府？和亲王府门前的石狮子见证了三一八惨案？现如今，"铁1号"大门依然宏伟气派，两尊巨大的石狮子依然威严，这个充满历史气息的古老院落，似乎还有许多故事要向人们诉说。

和亲王府门前的狮子见证了三一八惨案

段祺瑞执政府门前的大狮子

　　和亲王府的前身是贝子允裪的府邸，雍正十一年（1733年），雍正帝将此府赐予第五子弘昼，称和亲王府。和亲王府位于北京东城区张自忠路3号，旧门牌为1号，俗称"铁1号"，坐北朝南。

　　清末，府内的建筑全部被拆除，重新建造了三组砖木结构的楼群，中间的主楼为欧洲古典式灰砖楼。1924年，段祺瑞被北洋军阀推举为中华民国临时执政，将和亲王府改为段祺瑞执政府，和亲王府大门前的石狮子见证了三一八惨案发生的经过。大门东侧，有一块由共青团东城区委竖起的纪念碑，上面写着：三一八惨案发生地。

1926年3月18日，北京各界群众五千余人在中国共产党和李大钊等人的领导下，为反对日本帝国主义侵犯中国主权的强盗行为，在天安门前集会抗议，会后结队赴段祺瑞执政府（原和亲王府）门前的广场请愿。

示威群众推荐代表去向卫士长交涉，要求开门放队伍进去，并请段祺瑞和国务总理贾德耀出来见面。这时段祺瑞并不在执政府，在执政府内开会的总理贾德耀等人知难而退，从侧门离开。这时执政府卫队长乃下令开枪，墙里头最先打响了三枪，枪声骤起，群众前逃后冲，秩序大乱。有记者披露，示威者有人执带铁钉的棍子并抢士兵的枪，被枪杀的学生和市民达四十七人，伤者一百五十余人，死者中有为人们所熟知的北京女子师范大学学生刘和珍，李大钊和陈乔年也负了伤。《临时执政令》则认为游行者"闯袭国务院，泼灌火油，抛掷炸弹，手持木棍，袭击军警。各军警因正当防卫，以致互有死伤"。

新中国成立后，为纪念殉难烈士，发扬爱国主义精神，北京市人民政府于1984年将段祺瑞执政府（原和亲王府）即三一八惨案发生地列为全国重点文物保护单位，现在是中国人民大学清史所，不对外开放。

贵胄学堂为什么被称为"安乐园"

北京东城区张自忠路在明代称为铁狮子胡同，1946年为纪念抗日将领张自忠将军便更名为张自忠路。当时它东接东四十条胡同，西连宽街，当时宽街充其量也只能算一条宽一些的胡同。而如今这里成了名副

王府大院

其实的宽街了。宽街往东一站地，大影壁对着的中式大门曾是雍正帝第五子和亲王弘昼的府邸。

1885 年，清朝创办了海军衙门，总理海军事务。甲午战争北洋水师全军覆没后，清政府撤销了已无海军的海军衙门。1901 年后，清政府实行"新政"，将兵部、练兵处、太仆寺合并为陆军部。1906 年，慈禧太后在和亲王府的旧址上兴建了陆军部衙署；同年，在其东侧开始兴建陆军贵胄学堂。

清朝末年，清政府认为习戎振武为强国的基本，便设立陆军贵胄学堂讲习军事。来这里听课的既有王公大臣，也有各级官员，所收学员大多为宗室子弟。据《大清见闻录》记载，贵胄学堂的学生都是一些王公贵族子弟，他们每天快到吃午饭的时候才来学校，每人吃着七八两银子的饭菜还不满意，动辄飞盆掷碗，吃完饭后就聚在一起高唱京剧，从来不认真上课。真正的军事人才没有培养出几个，却造就出一个京剧大师——言菊朋，因此贵胄学堂有"安乐园"之称。

辛亥革命后，陆军贵胄学堂被撤销。1912 年，中华民国成立，袁世凯把总统府设于陆军部衙署，国务院设于陆军贵胄法政学堂。1913 年总统府和国务院迁中南海，原清末陆军部衙署成为民国陆军部办公楼，原清末陆军贵胄学堂则成为民国海军部办公楼。

和亲王弘昼是因常给自己办丧事被乾隆帝赐死的吗

爱新觉罗·弘昼（1712—1765 年），雍正第五子，乾隆之弟。雍正十一年封为和亲王，弘昼是历史上著名的荒唐王爷，喜好办丧事，吃祭品，但亦有历史学家说他其实是为避免卷入弘时和弘历对皇位的争夺而以"荒唐"为名韬光养晦。乾隆三十五年（1770 年），和亲王薨，谥恭，是为和恭亲王。

弘昼与弘历却有着实质的不同，或许是生来老小，也没有什么资格与弘历争夺皇位，于是学得纸醉金迷，快意人生，成天在王府里挥霍浪费。乾隆帝看着虽有些心疼银子，但仔细一想却也图个清静，还把弘昼的俸禄给得老高，任由宝贝御弟胡闹。

有了乾隆帝的支持，弘昼变得更加醉生梦死，没事儿就在王府里给自己操办丧事。每次丧事开始的时候，他便坐在本该放棺材的地方，对着满桌的供品胡吃海嚼，他的下属姬妾丫头老妈子们照例跪在地下号哭，你们哭得越起劲，他吃得越欢，他的枕边还经常摆着各种陪葬的明器。

从现代人的角度来看，这位和亲王或许真是大智若愚，疯疯癫癫，不露锋芒，也不失为生存的一种手段。弘昼的死因是因为经常在王府里面给自己办丧事被乾隆赐死的吗？

据史书记载，弘昼是病死的，不是被赐死的。从《清史稿》中可以看到，和亲王死后，其子"永璧，袭"亲王爵位，这是乾隆帝特别照顾的。因为按清朝的规定，每代爵位要下降一级，也就是说乾隆帝还是特别优待他这个弟弟的后人的。如果弘昼是被乾隆帝赐死的，那乾隆帝不可能让他的儿子袭亲王爵。

公忠体国之贤王，怡亲王府贤良寺
——怡亲王府

王府至今留给世人的感受是"一半磨灭，一半鲜活"，在人们即将遗忘的角落里，依然顽强地存在着。怡亲王府在清亡后辗转人手多次，还曾被北平大学女子文理学院租用，成为该校的校舍。王府门前矗立的石狮足有两人多高，它带着自己的沧桑守护着自己的领地。

怡亲王府为什么会有三处

怡亲王府有一个不同于其他王府的独特之处，京城先后一共有三处怡亲王府，这在历代王府中可是独一无二的。

康熙帝去世后，由他的四子胤禛即位，登基遭到多数兄弟的反对，只有十三弟胤祥支持他，他是雍正帝唯一礼遇的胞兄弟。胤禛登基后，封胤祥为怡亲王，并为他在如今的王府井新东安商场东侧建造了怡亲王府。胤祥对雍正帝也是尽心辅佐，既不恃宠妄行，也无半点私心，为国家尽心尽力。

雍正八年（1730年），怡亲王胤祥病重将死，雍正帝亲赴王府探视，但还是没有见到最后一面。雍正帝为胤祥举办了隆重的葬礼，并将怡亲王府改建为贤良寺，为胤祥冥福，以示纪念。谥号贤，所以清朝后期的文字中提到怡亲王胤祥都是怡贤亲王。

胤祥死后，他的第七子弘晓继承王位做了第二任怡亲王。因原府邸改建贤良寺，雍正为弘晓在朝阳门内大街另建了一座规模颇大的新怡亲王府。

咸丰十一年（1861年），慈禧发动宫廷政变，继袭怡亲王爵位的第六任怡亲王载垣被革爵处死，府第被收回。

同治三年（1864年），同治帝恢复怡亲王爵位，宁良郡王弘晈四世孙镇国公载敦袭怡亲王爵，但怡亲王府并未还给怡亲王后裔，所以就出现了第三处怡亲王府。

第三座怡亲王府位于东单北极阁三条，胡同北侧有一间单檐歇山顶的大殿，房前立着"宁郡王府"的石碑，挂在墙上的铭牌介绍到此府建于雍正八年（1730年），雍正封怡亲王允祥第四子弘晈为宁郡王，建府于此。宁郡王虽然继袭了怡亲王爵位，却没有更换府邸，还是居住在自己的宁郡王府里，这府邸的名字也未做更改，因此宁郡王府成为第三座怡亲王府。

怡亲王府为什么会成为孚王府

1850年，道光帝去世，由四子奕詝即位，为咸丰帝。咸丰帝封六岁的九弟奕譓为孚郡王。

1861年，咸丰帝去世，怡亲王载垣等顾命大臣与慈禧在争夺政权中产生了严重的矛盾，慈禧联合恭亲王奕䜣等人发动宫廷政变，击败了妨碍她掌权的"顾命八大臣"，载垣作为主要政敌，被强令自缢，乾隆年间新补的"铁帽子"王爵也降为"不入八分辅国公"，并剥夺了他的王位和王府。

三年后，孚郡王奕譓年满二十岁，按照制度应分府出宫单住，于是

王府大院

朝廷将从载垣手里收回的怡亲王府赐予刚满二十岁的孚郡王奕谟。十一年后，孚郡王奕谟晋升亲王，此府改称孚王府，因奕谟排行老九，也称九爷府。

1928年，孚王府出售给张作霖手下的高官杨宇霆，杨宇霆死后，王府又成为北平女子大学文理学院校址。据1947年的北平市地图标注，那时孚王府又被国民党励志社北平分社占用。

现在的孚王府虽然外观陈旧，但建筑仍保留着原来的规制。那座挂着许多单位牌子的临街大门是民国时期建造的，并非王府大门。真正的王府大门在临街大门的后面，朱漆门扇上排列着纵九横七六十三颗门钉，门前矗立的石狮足有两人多高。

孚王府规模宏大，历史悠久，是清代王府的代表性建筑之一，也是北京现存完整的王府之一，于1979年公布为北京市文物保护单位，2001年被国务院公布为第五批全国重点文物保护单位名单。

怡亲王胤祥是如何帮雍正帝理财的

雍正帝在位不久，就任命怡亲王胤祥总理户部三库事务。户部有银库、缎匹库和贮藏茶、蜡、铜、铁等物的颜料库，这三库历来是朝廷的钱袋子，通常由皇帝最信得过的人掌管。

1723年的春天，清廷设立会考府，雍正帝命胤祥主持该府事务，"专司各省事件及一切奏销钱粮"。不久，雍正帝又任命胤祥总理户部事务，负责管理全国疆土、田亩、户口、财谷政令，包括掌管钱币事务的机构钱法堂和宝泉局。这一任命，改变了祖制，因为顺治元年就下令停止贝勒总理户部事务，改由尚书总理部务。雍正帝从任命胤祥开始，使户部长官由以往的常设内阁尚书负责制，改为不常置的特简宗室亲王、大学士负责制。

今日孚王府一角

　　胤祥明白，整顿财政对雍正帝的新政来说具有重要的战略意义。康熙帝留下的户部，库银亏空数百万两，胤祥将整理财政、清查赋税作为雍正帝新政的第一场战役来打，胤祥认账不认人，只对雍正帝一人负责，不到三年，稽查和驳回不符合规定的奏销项目近百起，给贪官污吏营私舞弊的恶习以沉重打击。在此期间，他不做只打苍蝇不打老虎的软蛋，对造成朝廷财政亏空者，不论王公贵胄还是身居要职的官僚，一概严惩不贷，绝不网开一面。总之吃进去的不义之财都要吐出来，一个子儿也不能少，这触犯了不少人的利益，他们对胤祥恨之入骨，有些官员也认为怡亲王胤祥过于苛刻无情，招致舆论不满。

　　雍正帝对胤祥的做法及政绩很满意，站出来为他撑腰，说这些严厉措施势在必行，怡亲王胤祥只是遵旨而行，全然不关他的事。经过怡亲王胤祥的铁腕整肃，雍正王朝的财政局面为之一新，国库渐盈，积存白银达六千万两，成为清朝富庶时期的开始，乾隆初年国库积存白银六七千万两，主要是雍正朝留下的。

王府大院

"最不幸"的王府——庆王府

位于北京西城区定阜街的庆王府，当年发生了什么事让这座王府被分为三个院落？那么王府的主人又去哪里了？尽管现在庆王府的大门油漆剥落、一副破残的景象，但雕梁画栋的模样仍然能显示出王府当年的气派，门前的石狮子仍然象征着主人当年的身份。

北京的庆王府为什么被分成三个院落

西城区定阜街庆王府原为清末重臣、大学士琦善的官邸，位于定阜街3号。1840年，琦善奉旨接替林则徐担任两广总督。在此期间，他与英国侵华军首领义律私下签订《穿鼻草约》，割让香港，赔款六百万元。后来，道光帝因琦善擅自割让香港感觉受到了奇耻大辱，于是将其革职，并命奕劻由老王府迁至琦善的宅第。

咸丰年间，奕劻由辅国将军晋封贝子，继而晋封贝勒。由于深受慈禧太后赏识，奕劻在光绪十年晋封庆郡王，管理总理各国事务衙门及海军事务。光绪二十年晋封庆亲王，光绪二十四年封世袭罔替亲王。1903年授军机大臣，成为清代最后一个铁帽子王。

奕劻晋封庆郡王后，其宅邸开始称王府，他按王府规制对原琦善宅第进行了大规模的修建，修建了万字楼和戏楼等，府内建筑宏伟，面积广阔，大小楼房近千间，朱红大门，成为当时京城最华丽的王府之一。

辛亥革命以后，庆王府日趋衰败。奕劻的三个儿子载振、载㨗、载抡开始分家，砌筑墙壁将王府分割为三个院落，各有大门出入。载振居西院，载㨗居中院，载抡居东院。1923年载振害怕招惹麻烦，把朱红大门改为普通民宅大门，原府门外装饰全部拆除。此后不久，庆王府失火，中院几乎烧尽。1924年以后，载振弟兄三人先后移居天津，王府内只留仆人看守。1928年国民党第四军团总指挥方振武将司令部设在庆王府，时间约一年。1940年，载振将王府售予伪华北政务委员会，售价约四十五万银圆，兄弟三人均分。抗日战争胜利后，王府被国民党接收，设教育部编审会和国民党空军北平地区司令部于此，附近有航空胡同因此而得名。

北平和平解放后，中国人民解放军京津卫戍区司令部设于此。20世纪50年代初以后，改由北京卫戍区所属后勤部等机关使用，并于1965年在王府中院建起第一栋三层办公楼房，东院后来也改建成为军官住宅楼和战士宿舍楼。

载振的第二座庆王府是怎么回事

载振从北京的庆王府移居到天津后，天津没有皇宫，却有座"庆王府"，位于天津市和平区重庆道（原英租界剑桥道）55号，地处天津历史风貌建筑最集中的"五大道历史风貌建筑区"腹地。庆王府始建于1922年，原为清末太监大总管小德张亲自设计、督建的私宅，在原英租界列为华人楼房之冠。1925年，被清朝第四代庆亲王载振购得，随后同家眷迁居天津并居住于此，开始了他的寓公生活，因而得名庆王府。

这座庆王府占地面积四千三百二十七平方米，建筑面积五千九百二十二平方米，为砖木结构二层（设有地下室），内天井围合

式建筑。整体建筑适应当时的西化生活，更结合了中国传统文化意象，是五大道洋楼之中西风东渐的典型建筑。

载振从 1925 年居住在此直至辞世，在天津庆王府里度过了二十三年寂寥的寓公生活。1947 年冬天，载振病重，半个月后，在庆王府内病故，终年七十二岁。鉴于载振自清帝逊位，在民国政府、军阀混战、国民党南京政府、日伪统治时期均未出山，故曹汝霖、朱作舟等人经过商议后，将其私谥曰"贞"，于是在载振的灵牌上就刻上了"清庆贞亲王载振"。

新中国成立后，天津这座庆王府先后成为中苏友好协会天津分会、天津市人民对外友好协会、天津市外经贸委、天津市商务委和天津市人民政府外事办公室的办公地点。1991 年，庆王府成为天津市文物保护单位。2005 年，庆王府被认定为天津市特殊保护级别的历史风貌建筑。2011 年 5 月，天津市历史风貌建筑整理有限责任公司在天津市国土房管局的领导下依据"保护优先、合理利用、修旧如故、安全适用"的原则，历时近一年完成了庆王府的整修工作。整修过程在充分尊重和保留建筑历史文化信息的基础上融入精巧别致的现代使用功能，如今，这座昔日的王府已经成为天津独一无二的文化休闲场所。

杨翠喜和段芝贵的照片为什么会出现在庆王府

在庆王府内有两张老照片非常另类。这两个人是什么样的人物？为什么他们的照片会出现在末代亲王的府中？原来这里有一段曾轰动一时的奇闻轶事。

段芝贵，安徽合肥人，1869 年生。北洋武备学堂毕业，是袁世凯的心腹。

杨翠喜，北京通州人，1889 年生。她十二岁随家迁往天津居住。

父母迫于生计，将她卖给一个姓陈的人家，陈家又把她转卖给邻居杨茂尊，于是，她就改姓杨。关于她还有一个当时轰动整个朝廷的案子，也让载振丢了农工商部尚书一职。

杨翠喜案是典型的卖官鬻爵大案，震惊朝野，舆论大哗。这一案牵连的有许多人，首先是载振，他为此中断了仕途之路，避居天津，靠银行存款利息和变卖遗产为生。

据史料记载，杨翠喜案的直接起因，就是因为当时正以道员身份兼任天津巡警总办的袁世凯的得力干将段芝贵，在袁世凯野心勃勃时拼命拉拢清朝王公，为袁世凯铺路搭桥，也为自己找一条升官发财的捷径。而载振的父亲庆亲王奕劻当时正是慈禧面前的红人，总揽朝纲，也是袁世凯、段芝贵极力拉拢的人物。载振任农工商部尚书，因公干路过天津，这就给了段芝贵一个极好的机会，而杨翠喜就成了段芝贵升官路的重要人物。

杨翠喜带着任务，将载振吸引得心旌摇曳。当载振依依不舍地回了北京后，段芝贵立即将杨翠喜小心翼翼地送进京城献给了载振。这一项献宝举动非常有效，时隔不久，段芝贵就被连升三级，由道员被升为黑龙江巡抚。

由于手握重权的袁世凯引起了朝廷的戒惧，但又不可能直接拿袁世凯开刀，于是资历平平、声望不足的段芝贵就成了杀鸡骇猴的目标。段芝贵把杨翠喜送给载振的事情就成了袁氏敌对势力有力的攻击借口，参奏的折子如雪片般飞到宫中。经过慈禧太后批示，先将段芝贵的黑龙江巡抚职务撤销，接着就派醇亲王载沣、大学士孙家鼐详细查办。

庆亲王奕劻为了对儿子施一点惩罚，更为了松懈政敌们的触觉，请求慈禧撤了载振农工商部尚书的职务。载振为了一个女伶，惹了一身晦气，于是不敢再沾杨翠喜一丝半点儿，把她重新送回天津。杨翠喜不但断了只当了十八天黑龙江巡抚的段芝贵的官路，还去掉了载振的农工商部尚书一职。

今非昔比的府邸——清代公主府

在北京的文物古迹中还存有一些清代的公主府,其中就有咸丰帝之女荣安固伦公主和恭亲王奕䜣的长女荣寿固伦公主住过的大公主府,她们两个为什么都住在大公主府呢?为什么恭亲王的长女不是"郡主",而是"公主"呢?大公主府真的是因为一扇门家破人亡的吗?

慈禧太后为何怕荣寿固伦公主

清末的公主以荣寿固伦公主最有名,荣寿固伦公主是恭亲王奕䜣的长女。那为什么恭亲王的长女不是"郡主",而是"公主"呢?

慈禧太后喜欢恭亲王的这位女儿,自幼由慈禧抚育宫中,咸丰十一年十二月特下旨封为固伦公主。同治四年(1865年)九月,恭亲王奕䜣固辞"固伦"封号,诏改荣寿公主。同治五年(1866年)九月指婚给沙济富察氏、额驸、一等公景寿之子志端。光绪七年(1881年)十月晋封荣寿固伦公主,赐乘黄轿。

荣寿固伦公主从小就生活在皇宫,在复杂的宫中,她生活得游刃有余,眼观六路,处事公允,喜怒不形于色。荣寿固伦公主没事的时候,她就自学花鸟画,跟瑜贵妃学画的山水画,并称"宫闱二妙"。

慈禧太后十分信任荣寿固伦公主,离不开她。也只有她,敢当面批评慈禧太后。王公大臣知道她的分量,对她都很敬畏。说起来,连慈

禧太后也怕荣寿固伦公主三分。慈禧太后喜欢穿艳丽奢华的衣服，荣寿固伦公主看了就不高兴，说话很直率很不中听："这么靡费做什么？打扮妖艳的话，给人家落话柄……"一通唠叨，慈禧太后怕了她，每次荣寿固伦公主来见慈禧，慈禧就挑一件很朴实的衣服穿，妆不敢化得太过分，珠宝首饰也不敢多戴，宫里的人都说荣寿固伦公主简直像慈禧的妈。

有一次，慈禧太后偷偷做了一件极其华丽的袍子，是江南工匠用织锦精工做成，花费了不少银两。慈禧太后嘱咐身边的人说："这事儿不要让荣寿固伦公主知道。"谁知荣寿固伦公主还是知道了，见到慈禧就不开心地唠叨："我对您老人家不好吗？我天天都想着母亲喜欢穿什么、用什么、吃什么，然后告诉其他人，让他们去办。母亲可倒好，偷偷做一件衣服来穿，还不要让我知道，旁人要是知道了，当我们娘俩是什么人呢？"荣寿固伦公主的这一番话说得慈禧太后赶紧转移话题，等荣寿固伦公主一走，慈禧太后埋怨身边的人："一定是有人告诉荣寿固伦公主了，不然我怎么会受她一通劝告！都怪你们，多嘴多舌的！"

荣寿固伦公主常常出入宫禁，有一定见识。据说戊戌变法失败后，光绪帝能保住帝位，也与荣寿固伦公主有关系。

大公主府为因一扇门而家破人亡

大公主府原为康熙第二十四子诚亲王允秘的王府，诚亲王府位于元、明、清三代皇城外东北角，紧靠皇城。同治八年（1869年），咸丰帝将府收回转赐给荣安固伦公主，改作为荣安固伦公主的府邸，称为"固伦公主府"，此府后来又转赐给恭亲王奕䜣的长女——荣寿固伦公主，故称"大公主府"。

王府大院

大公主府一角

光绪二十六年（1900 年）之前，荣寿固伦公主想在北墙开一后门，便向一位人称薛半仙的人请教。薛半仙说："开，家破人亡；不开，一个也跑不了。"光绪二十六年（1900 年）八国联军进京时，大公主府中所有人都是从后门仓皇出逃的，并且大公主府在这之后确实家破人亡了。大公主府的家破人亡，除了当时政治形势外，也有很多人为因素加速了这个过程。大公主府的财权与其他王府一样，都掌握在"管事的"手里，最终形成"管事的"是财主，主人反倒成了穷人。

光绪三十二年（1906 年），大公主府太监王某出资在东安市场北门内创办了吉祥戏园，冲破了清代"严禁内城卖戏"的规定。荣寿固伦公主的过继子麟光夫妇每日挥霍费用居高不下，入不敷出之后，麟光又借款典卖，连荣寿固伦公主的凤冠霞帔都被送进了当铺。

1924 年 11 月，平时不过问银钱的荣寿固伦公主发现银库空空如也，气愤不已，于 11 月 14 日辞世，没过几年，过继子麟光也病逝了，债主们纷纷到大公主府讨账，在这巨大压力面前，麟光之子增恺、增悌、增怿兄弟三人弃府而走。大公主府最初被债权人吉祥戏院占有，后为国民党宪兵三团使用。1933 年 9 月 3 日，宪兵三团团长蒋效贤以大公主府房屋不符合办公为理由，迁址东四钱粮胡同，后将大公主府改为国军后方医院。

新中国成立后，大公主府为北京市中医医院所在地，1985 年，大公主府院内建筑物被全部拆平，所有建筑被全部搬迁，易地复建。北京市中医医院在大公主府旧址上盖起新的门诊楼、科研楼等。

和敬公主府为什么被人们称为达贝子府

和敬公主生于雍正九年（1731 年），卒于乾隆五十七年（1792 年），是乾隆的孝贤纯皇后所生，由于乾隆帝的长女和次女很小就夭折了，乾隆帝非常宠爱她。

乾隆十二年（1747 年），和敬公主下嫁蒙古科尔沁部的辅国公色布腾巴勒珠尔。色布腾巴勒珠尔是科尔沁左翼中旗扎萨克达尔汉亲王满珠习礼亲王的玄孙，满珠习礼亲王是顺治帝的舅舅，而满珠习礼亲王的长兄吴克善的女儿曾是顺治帝的皇后（后来被降为静妃，孝庄皇后的侄女），由于重重关系，乾隆帝才放心把自己的女儿嫁给这位乘龙快婿。

和敬公主府

王府大院

色布腾巴勒珠尔在乾隆十七年（1752年）袭达尔汉亲王，后又封和硕亲王，并参加了乾隆平准噶尔、征金川的战争，乾隆四十年（1775年）三月二十八日卒于军中。

和敬公主府是乾隆的女儿和敬公主出嫁时所赐的府第，因为和敬公主被封为固伦公主，所以该府的规制是与亲王府相同的固伦公主府。即正门五间、启门三间、正殿七间、翼楼各九间、后殿五间、后寝七间、后楼七间。

由于亲王这个爵位是世袭递降，每袭封一次就要降一个等级，按清朝规定，皇家所赐府第和原封爵位不相符时，若皇室需要，可以用它处抵换收回，也可允许其后人继续居住。也许由于以上种种原因，此府一直是和敬公主后人所使用。至光绪年间袭爵的后人那苏图已降至辅国公。那苏图的儿子达赉在光绪二十七年（1901年）袭爵，成为此府的最后一代主人，后来达赉晋封为贝子，所以此府也被人们称为达贝子府。

民国期间，和敬公主府成为北洋军阀政府陆军部所在地，并对王府后寝部分进行了扩建，后楼则作了改建，但并未损坏原来建制的布局。新中国成立后，该地为机关单位占用。20世纪80年代曾进行大规模修缮，在后楼北面又盖起一栋现代楼房，是为"和敬府宾馆"。1984年，和敬公主府被列为北京市文物保护单位。

和嘉公主府是不是北京大学的前身

说起这座宅院的变迁史，很多人以为它最早是清朝的和嘉公主府，其实不是，最早的建筑是明朝时用来祭祀马神的马神庙，建于明正统十一年（1446年）。

到了乾隆二十五年（1760年），马神庙的原址上建了一座漂亮的大宅院。同年，乾隆的女儿和嘉公主下嫁福隆安，乾隆便将这座宅院赐予了四女儿和嘉公主。从此，这座府邸被称为和嘉公主府，俗称四公主府。和嘉公主婚后第七年就去世了，之后，和嘉公主府被内务府收回，福隆安带着孩子回到一等忠勇公府居住，失去主人的和嘉公主府就被闲置了。

光绪二十四年（1898年）六月，京师大学堂的开学仪式在和嘉公主府举行。身处变法改革中的光绪帝任命自己的老师孙家鼐为京师大学堂第一任管学大臣，即北大的"第一任校长"。光绪帝的改革失败后，慈禧废止了一切变法措施，却唯独留下了京师大学堂。1912年，京师大学堂改名为北京大学，和嘉公主府成为北大的理学院。

这时的京师大学堂基本保持着和嘉公主府的原貌：公主楼改作藏书楼，正殿成为演讲的礼堂。东轴线新建了三座西式楼房，自南而北是文科楼、数学系楼、工字楼。西轴线的西边是光绪三十年（1904年）加盖的十五排平房，是学生的宿舍，也称为"西斋"。和嘉公主府并未因新身份的到来受损，反而增添了些许姿色。

1952年夏天，北京大学全部迁入原燕京大学的校园，和嘉公主府又一次"变身"，成为中国文字改革委员会和人民教育出版社的办公场所，其中的一些小院落，被当作两个单位的家属宿舍。1966年，和嘉公主府门前的狮子被起重机吊走，大门卸了，老建筑毁了。大院原来有三位老花匠，专门负责修剪花草树木，后来花匠被辞退，花草树木也就枯萎而死，取而代之的是高低不平、破烂不堪的棚子，昔日的公主府变成了大杂院。

2008年，一座六层的酒店在和嘉公主府的地面上拔地而起，公主府变成了一高一矮两部分，不过门旁的墙上嵌着"京师大学堂建筑遗存"的铭牌，公布时间是1990年。

在经历过祭祀马神的庙宇、荒败的废园、学子的殿堂、教科书的摇篮和嘈杂的院落后，和嘉公主府像个饱经风霜的老人，泰然、淡定，虽面目全非，但筋骨未散。

王府大院

建宁公主府为什么又被称为祥公府

现位于北京堂子胡同和石虎胡同之间的民族大世界，原为蒙藏学校，其前身是建宁公主府。

建宁公主府这座宅院要是再往前推，可以追溯到明朝初年。在明初时是常州会馆，明末时为崇祯皇帝的岳父、大学士周延儒的住宅。清兵入关后，此宅就划归建宁公主所有，建宁公主为清太宗皇太极的十四女，在顺治十年（1653年）下嫁给了平西王吴三桂的儿子吴应熊，随后不久就晋封为和硕长公主、硕建宁长公主，后改为和硕恪纯长公主。而这座府邸在当时也被称为驸马府。

康熙十四年（1675年），吴三桂反叛清廷，吴应熊及其子吴世霖被处死，只剩下建宁公主一个人在这座大宅院里生活，建宁公主在她六十三岁时离开了人世，而这宅子却被当时的老北京人称之为"凶宅"，说"夜里能听到丝竹之声，还夹杂着年轻女人幽怨的吟诗声"；也有人说这个地方"曾是吴三桂的住宅，陈圆圆的芳魂几百年来都在此游弋"。

雍正二年（1724年），朝廷在此处设有皇室贵族子弟学校，相传曹雪芹就曾在这里做过短期教习。乾隆九年（1744年），皇室贵族子弟学校迁往绒线胡同，这里则被赏赐给大学士裘曰修作为住宅。乾隆后期，此宅又被赐给了乾隆长子定亲王永璜之子镇国公绵德（乾隆四十二年封为镇国公），后来绵德晋封为贝子，保存至今的府邸就是当时清朝的贝子府的规制。清末，该府由其后人毓祥继承，所以此处又被称为"祥公府"。

新中国成立后，中央民族学院附属中学（前身即为蒙藏学校）曾以此为校址。20世纪80年代，这里建起了服装市场——"民族大世界"商场。2013年，"民族大世界"商场停业。经过不断修缮，这座历经风雨的宅院终于露出了真容。

寿恩固伦公主府是公主下嫁时赐的府邸吗

寿恩固伦公主府位于北京市东城区内务部街 11 号，该府原为乾隆年间重臣、定边右副将军、一等诚嘉毅勇公明瑞的宅院，后又称寿恩固伦公主府。东临朝阳门南小街，西靠东花厅胡同。明瑞卒后，此府为其子孙世代居住，道光十四年（1834 年）其曾孙景庆袭爵。

寿恩固伦公主，生于清道光十年（1830 年），卒于清咸丰九年（1859 年），道光帝六女。道光二十四年（1844 年），封为寿恩固伦公主。道光二十五年（1845 年）寿恩固伦公主下嫁于景庆之弟景寿之后，称此府为六公主府。咸丰六年景寿袭爵，光绪十五年（1889 年）景寿儿子麟光袭爵并继承此府。

封建王朝虽然规定公主下嫁时要赐府邸，但寿恩固伦公主并未另赐府第，因为寿恩固伦公主嫁给景寿时，他家的宅子已经是公爵府邸的规制了。寿恩固伦公主府该院坐北朝南，占地广大，整个院落的后部有一个宽敞的花园，假山、亭台、花厅，一应俱全，环境优美安静。宅院为住宅和花园南北两部分，住宅又有四路组成，街北并列四座宅门，原来均为广亮大门，现 11 号院有三座宅门已经封堵，另一座宅门改为如意门，从东到西倒座房为二十三间，硬山合瓦清水脊，门内均有通向各院的随墙门和独立影壁；现 11 号院屋宇高大，有四进院落为主院。入一殿一卷垂花门，二进院至四进院均抄手游廊环绕。前过厅堂五间，前出廊，后出三间悬山式抱厦，正房三间，东西耳房各二间，为双卷勾连搭；北房五间，前出廊。寿恩固伦公主府均为大式硬山筒瓦过垄脊，戗檐砖雕，箍头彩画，是接待宾客和礼仪之场所。

民国后，该府被盐业银行经理购得，1984 年被列为北京市文物保护单位，现在为单位宿舍。

遗留北京的草原文化
——蒙古王府

清朝时期蒙古王爷的王府为什么会建在北京？满蒙联姻政策使满蒙统治者之间的关系十分亲密，同难同荣，休戚与共。清朝皇帝让蒙古王爷在北京建府邸难道只是为了联姻方便？还是让蒙古王爷无事时留居京邸，一旦国家有事可遣一介之使调动本部之蒙古兵，同驰赴援？

那王府为什么又称"超勇亲王府"

据《王府生活实录》的记载，那王府是蒙古亲王的一处王府。第一代亲王策凌的封号为"蒙古喀尔喀大扎萨克和硕赛音诺颜亲王"，因有"超勇"赐号，王府亦称"超勇亲王府"。又因最后一代亲王名叫那彦图，王府遂有"那王府"的俗称。位于北京东城区安定门内国祥胡同甲2号。

策凌是成吉思汗的直系子孙，康熙四十五年，与和硕纯悫公主结婚，招为额驸，封贝子，在雍正元年（1723 年）被封为多罗郡王。策凌自康熙三十一年入京至乾隆十五年病逝，历经康熙、雍正、乾隆三朝，多年效力边疆、征战漠北，为巩固和稳定中国北部边疆建立了卓越功勋。谥曰"襄"，说明朝廷认可"康乾盛世"有策凌的襄助之功。策凌死后，其子袭爵，仍效力边疆，为平定叛乱立过战功。其后，便逐渐衰微，及至第七代亲王那彦图，几近倾家荡产。

那彦图（1867—1938年），同治十三年（1874年）袭爵，封号为"蒙古喀尔喀扎萨克和硕车臣亲王"。因为其先祖策凌被赏"黄带"，等同"宗室"，那彦图袭爵后自然是近支王公，被朝廷所倚重。

那彦图

后来那彦图因赌场失利，一夜之间将王府以两万元押给西什库天主教堂用于抵债，到期无力还款反而再向教堂神父包世杰借款七万银圆。1931年，包世杰为讨债将那彦图诉至法院，两年后，那彦图败诉，迁出了那王府，租住在豆腐池4号。20世纪40年代，教堂将"那王府"转给金城银行、精神病院。

如今，那王府已大部分被改建，只有国祥胡同甲2号还保留着当年的风貌，国祥胡同甲2号的两个院落是原王府中路最北边两个并排的院子，为北京市重点保护文物。

僧王府为何有16间半房屋卖给了牛津高才生

僧王府全称是"科尔沁亲王僧格林沁府"，清代的蒙古王府之一。原僧格林沁王府位于北京东城区炒豆胡同71号至77号、板厂胡同30号至34号。僧王府不是一次建成的府邸，僧王府最初只是个一般规模的郡王府，其规模远不能与后来几乎占了整条胡同的"世袭罔替"的

王府大院

亲王府相比，后来的僧王府是累年扩建而成的。此府之所以称为"僧王府"，是因为第一代主人是僧格林沁。

僧格林沁死后，该府由其子伯彦讷谟祜继承。后来该府由其孙阿穆尔灵圭（僧格林沁之曾孙）所袭，故该府又称为阿王府。阿穆尔灵圭死后，因欠族中赡养费而被控告，法院受理公开拍卖"僧王府"，1934年从牛津大学经济系毕业归国的著名历史学家朱家溍先生，以最高价一万零五百元拍下僧王府中院精华的十六间半房屋。朱家溍先生还饶有兴趣地在院内选了"八景"：太平双瑞（上房阶前两棵太平花）、玉芝呈祥（花下多白菌，即俗称狗尿苔）、壶中天地（葫芦棚）、香雪春风（两棵老丁香）、紫云绕经（甬路两侧植紫色牵牛花）、映日金轮（葵花）、槐窗月色、红杏朝晖。朱家溍认为这是"穷开心"。

虽说是宋代理学家朱熹的廿五世孙子，但朱家溍却把英国绅士的自嘲幽默搬到了僧王府，朱家溍从1934年住进"僧王府"的中院，到2003年辞世，除去抗日战争时期住在四川，在僧王府里生活了六十多年。朱家溍在忆旧的文章中多次提到"僧王府"，故又称朱家溍故居。

如今，僧王府已经成为普通百姓的居住之所，昔日的富贵与繁华再也不见了踪影。2003年，被公布为北京市第七批市级文物保护单位。

为什么说阿拉善王府在北京是很难得的

阿拉善王府曾经被称为罗王府、塔王府、达王府，原位于北京市西城区原三座桥府夹道1号，现在位于毡子胡同7号，在什刹海后海南岸、恭王府东侧，阿拉善王府由精致的四合院和后花园组成，两百多间房屋都比较低矮，廊柱用的全是不粗的木方柱；冬天用炭火取暖修筑火墙，横的屋脊上除了兽头在屋脊两端，还各有一个二三十厘米高，四方立体的烟囱排烟；檐雕与廊画有蒙古人喜爱的牡丹、蝴蝶、飞马等图案。

阿拉善王府于康熙四十三年（1704年）拨银赐建，阿宝平定准噶尔后，于康熙五十四年开始修建王府，阿宝死后，罗卜桑多尔济（次子阿拉善第三代亲王阿拉善霍硕特旗的二袭札萨克王公）再征准噶尔诸部有功晋升为和硕亲王，1910年，塔旺布里甲拉袭亲王爵（阿拉善霍硕特旗的第八代第九位王爷），曾任袁世凯政府的京都翎卫使和蒙藏院总裁，达理扎雅被任命为阿拉善和硕特旗札萨克，在阿拉善旗民及贵族的敦请下，于1932年离开了北京，回到家乡内蒙古阿拉善旗执政。

现在北京的这座阿拉善王府里面除了假山之外，古建筑房屋只剩下东边的六座，其中有四座住宅，另外两座属于原来的家庙。

这座蒙古王府在北京是很难得的，因为其他在北京的蒙古王府不是被后代拍卖就是被毁坏，但是阿拉善王府直至新中国成立后都没有被其后裔变卖或被毁坏，阿拉善王府里私建乱建的不少，可是，这座蒙古王府东侧的古建筑物不毁不动，保护完好，院制、房舍、游廊依旧。

北京阿拉善王府

王府大院

· 71 ·

同乡会馆

孙中山先生建党的重要纪念地之一——湖广会馆

经历了两百年的沧桑岁月，湖广会馆早已被打磨成了一颗蕴含浓厚历史文化的璀璨明珠。湖广会馆装修得复古雅致，百年来，一直充当着历史见证人的角色。不论是"霓裳同咏"的匾额，还是宛如洞庭云梦的楼阁，都在一点一点地积攒历史的尘埃。

湖广会馆的前身为什么叫全楚会馆

坐落在虎坊桥西侧的湖广会馆，前身是全楚会馆。这全楚会馆原本是张居正的私宅，后来修建成了全楚会馆，又数度易主作为私人住宅，直到嘉庆十二年（1807年）才重修成湖广会馆。那么全楚会馆这个名字又是怎么来的呢？

据史料记载，张居正是江陵人，江陵位于当时的湖广省，也就是今天的湖北省荆州市。荆州建城历史长达两千多年，文化沉淀深厚，是楚文化的发祥地和三国文化的中心。翻开史册，可以清楚地查阅到，楚就是指中国的湖北省和湖南省，特指湖北省。而张居正刚好是湖北人，可以推测，全楚会馆的名字和张居正的家乡有一定关系。

那么全楚会馆后来又怎么易名湖广会馆了呢？

荆州是楚文化的发祥地，而楚地在历史上是指古楚国所辖之地，楚国在全盛时的最大辖地大致为现在的湖北、湖南、上海松江、江苏、浙江、山东半岛、江西、贵州、广东部分地方、重庆、河南中南部、安徽南部。宋朝的大文豪苏轼也曾在《荆州》一诗中写道："楚地阔无边，苍茫万顷连。"

其实，在明朝万历年间，全国划分为两京十三省，楚就是湖广省，也就是今天的湖北省和湖南省，但是，随着朝代的变革，"楚"的称呼不再流行，而是由"湖广"代替，那么全楚会馆易名为湖广会馆也就在情理之中了。

还有一个原因，就是全楚会馆原本是明朝首辅张居正的宅子，众所周知，他死后被神宗抄家，可谓是家道败落，清朝嘉庆年间重修湖广会馆时，忌讳张居正曾被抄家又有前朝臣子的身份，所以在不改变原意的情况下，取了和全楚相同意思的湖广二字，易名为湖广会馆。

湖广会馆是张居正出资建造的吗

一提到湖广会馆，人们便会不自觉地想到张居正，那么湖广会馆是张居正出资建造的吗？

湖广会馆的前身全楚会馆就是张居正的府邸，全楚会馆经过后人的修葺成为湖广会馆，这点是肯定的。但是也有一些人对张居正捐赠全楚会馆的真实性产生怀疑，他们认为张居正在万历年间整顿吏治、改革朝政且大力推行廉政节俭，使得当时满朝上下的奢侈浪费现象有所改善，自己又怎会铺张造府，还大手笔地捐赠会馆吗？

张居正捐赠全楚会馆是在万历年间，正是张居正开创"万历新政"，人生的顶峰时期，虽然张居正在职期间大力提倡节俭，但不代表他人不会向皇帝身边的这位"大红人"献媚。

同乡会馆

万历元年，张居正在自己的家乡江陵建"张太师府第"，本来没打算太铺张浪费，一来是自己一直主张政治节俭，二来不想落人把柄，没承想皇帝对此过于重视，不但为他亲笔题匾、作对，而且还拿出资金作为赏赐。正所谓上行下效，湖广官员为了巴结张居正，纷纷出资，这座豪华的府邸终于"出炉"，前后耗资二十万多两银子，可张居正真正自己出资的部分少之又少。同样地，他在京城也建造了这样一座府邸，也就是后来他捐赠修建的全楚会馆。从这座宅子的壮丽程度也可以看出，这位明朝的首辅张居正大人并不是绝对的一生清廉，至少荣华富贵他还是没少享受的。

虽然存在质疑，不过全楚会馆确实是张居正早期的住宅，也就是现在的湖广会馆。

湖广会馆和国民党的诞生地有什么关系

北京湖广会馆这样一座雕梁画栋、古香古色的建筑，不仅是湖南、湖北两省人士联络乡谊的同乡会馆，也是具有历史意义的活动场所，一直备受名流贤士的青睐。

这里不仅是明朝宰相张居正的私宅，而且清朝文学家纪晓岚曾在此居住；张之洞的爷爷，曾任监察御史的张惟寅乾隆年间也住在这里；同治九年曾国藩在这里举办六十大寿的宴会；民国五年梁启超先生在湖广会馆讲宪法纲领；民国以后，谭鑫培、余叔岩、梅兰芳等名伶曾在此演过堂会戏；在这里居住高中探花、榜眼、状元的学子更是数不胜数。

"英才辈出自会馆，才子佳人聚梨园。"湖广会馆的辉煌历史当然没有止步于此，最具传奇色彩的一章就是国民党成立大会在这里举行，孙中山先生在这里发表了具有历史里程碑性质的演讲。

那是 1912 年 8 月 25 日的上午，孙中山先生在这里主持即兴演讲。

他讲道："天下之事，皆破坏容易建设难……建设之事绝非一党所能做好，必须联合他党彼此相见以诚，推心置腹……因此种种故不能不急谋改组事宜，以期于民国前途有济。"听众掌声如雷，大家肃然起敬。

当天下午，同盟会、统一共和党、国民促进会、国民公党、共和实进会等五个政团合并组成国民党，在湖广会馆举行了国民党成立大会。大会的一个高潮点源于一位人士发出"为什么去掉'男女平权'这项纲领"的疑问，现场各党代表产生争执。孙中山先生莅会，他说明新政纲之所以没有列入"男女平权"这一项，是因为合并各党的意见不一致。他认为"男女平权"是对的，此时政纲虽未列入，将来随着国家文明进步，必能实现。孙中山先生演说约两小时，听众掌声雷动。

国民党成立大会顺利完成，湖广会馆见证了这历史性的一刻，可以说国民党是在湖广会馆诞生的。

孙中山在湖广会馆演讲

同乡会馆

苦甜有时的"子午井"为何如此神奇

湖广会馆里有一口神奇的古井，叫"子午井"。这口古井有什么神奇之处呢？据说此井一日每逢子时午时，清泉上涌，清甜异于平时，故而起名"子午井"。

据纪晓岚在他的《阅微草堂笔记》中记载，"虎坊桥西一宅，南皮张公子畏故居也，今刘云房副宪居之。中有一井，子午二时汲则甘，余时则否。其理莫明，或曰阴起午中，阳生子半，与地气应也。然元气氤氲，充满天地，何他井不与地气应，此井独应乎？西士最讲格物学，《职方外纪》载：其地有水，一旦十二潮，与晷漏不差秒忽。有欲穷其理者，构庐水侧，昼夜测之，迄不能喻，至恚而自沉。此井抑亦是类耳。"

大概意思是说这口井的水充满魔幻色彩，只有到了凌晨子时和午时这两个时辰才是甜的，过了时辰就不甜了，但其中的原理却是无人知晓。

子午井

根据《阅微草堂笔记》的记载，可以看出"子午井"在清朝乾隆年间就已经众所周知了。这口井每天半夜和中午才会清泉上涌，甘洌异常，其他时间打上来的水都是苦的，真的太神奇了。纪晓岚当时的府邸就在湖广会馆的东北角，传说纪晓岚经常在中午时分抽空来此井取水。

苦甜亦乐的"子午井"为什么会这么神奇？至今大家都想猜测其究，其真正的原因还很难下定论，神秘莫测的"子午井"无疑成为湖广会馆的锦上添花之笔。

京师第一会馆——安徽会馆

被称为"京师第一会馆"的安徽会馆：瓦楞精致、套院通达、规模宏大、檐廊蜿蜒。走进安徽会馆，大概会让人以为这是一个曲折简易的迷宫。面积九千多平方米，房屋两百多间，拥有宣南地区最棒的大戏楼，安徽会馆果然名不虚传，"京师第一会馆"这个响亮亮的名号，它当之无愧。

安徽会馆为什么被称为"京师第一会馆"

位于北京市西城区椿树街道后孙公园胡同路北的安徽会馆，占地面积九千多平方米，你能想象它"北起八角琉璃井，南止后孙公园胡同，东达厂甸，西与泉郡会馆为邻"的恢宏气势吗？它不仅坐拥两百多间房屋，还是京剧发祥地的最高文物见证。会馆内有一座气派的大戏楼，是北京现存的四大民间戏楼之一，具有极高的文物价值。

安徽会馆始建于清代中后期，同治五年，由安徽籍官员吴廷栋上书倡修。同治七年，李鸿章向安徽籍官员和淮军将领集资捐款，并于次年二月开始修建。同治十年八月会馆建成，且不说耗费的人力、物力，仅耗资就是以万两计数的。

安徽会馆在京城其他会馆中脱颖而出，是因为它与别家会馆的性质不同，它既不是"试馆"，也不是"行馆"，而是专门供安徽籍的淮军

同乡会馆

· 79 ·

将领和达官显贵在京城活动的会所。李鸿章当年建安徽会馆的目的不单是为了方便京城的安徽权贵们沟通乡情，也是为了能更好地扩充淮军势力，好与湘军抗衡。

当时会馆云集，但大都不如安徽会馆的奢华壮丽，会馆一共五进，一进"文聚堂"，二进正厅，三进神楼，四进"碧玲珑馆"，五进"叠石成阜"。

值得一提的是园中的大戏楼，雅致的楼阁，宽阔的戏台，还有三面包围着朱漆栏杆的楼座。在当时可是宣南最有名的戏楼之一，经常演出戏剧。

从安徽会馆占地面积之广，建筑风格之华丽，细微部件之精致，就可以得知安徽会馆确实名不虚传。况且李鸿章一直大力支持安徽会馆的修建落成事宜，不仅如此，会馆失火被毁，他仍然集资支持了会馆的重建工作。能得到李鸿章如此不遗余力的支持，安徽会馆怎能不气势恢宏？

无论是器宇不凡的外观，还是包罗万象的内里，安徽会馆都配得上"京师第一会馆"的称号。

安徽会馆的前身就是孙公园吗

孙公园一角

孙公园曾是出名的大宅院，占了大半条街，府邸前后街名皆以孙公园命名，即孙公园前街、孙公园后街。但孙公园是后来的安徽会馆吗？

翻开历史的长卷，可以了解到孙公园是明末清初学者孙承泽的别院。

孙承泽是明末清初的第一藏书家、政治家、收藏家，明崇祯四年中进士，官至刑科给事中。明朝灭亡后，清顺治年间官复多职，历任吏科给事中、太常寺卿、大理寺卿、兵部侍郎、吏部右侍郎等职。但因为是前朝旧官，所以并没有真正得到朝廷的重视，在康熙年间，孙承泽辞官回家，从此过起了"退谷著书"的隐居生活。

孙承泽在京城有好几处住宅，除了孙公园，还有樱桃沟、金鱼池等。不过他生平大部分时光都是住在孙公园。对于嗜书如命的孙承泽来说，大概孙公园是他最喜爱的宅邸了。孙公园府内建有研山堂、万卷楼等古建筑，尤其以万卷楼最为著名。

万卷楼里藏书很多，楼阁上下总共十四间，专门存放孙承泽费心收集的书籍，甚至当时藏书大家没有的书在这里都可以找到，可见其藏书之丰，故起名"万卷楼"。研山堂则是孙承泽接待文人墨客的地方。

孙公园府内有一座大花园，故名"园"。花园内地广数亩，假山叠嶂，池水莲花，佳木成荫，是修身养性的好地方。园里还有一座别致的大戏楼，门内挂匾"清时钟鼓"。楼座环绕戏楼三面而立，朱漆栏杆雕饰。这座戏楼可是当时最有名的戏楼之一，经常演出戏剧。

豪华如斯，安徽会馆虽然是孙公园的"后来者"，但并不是孙公园的全部，只是占了孙公园的一部分。

丑角刘赶三为什么在安徽会馆大骂李鸿章

据传，在安徽会馆，晚清名臣李鸿章和京城首屈一指的丑角刘赶三还有过一段渊源，刘赶三竟在会馆戏台上大骂李鸿章，八竿子打不着的两人，这到底是怎么一回事呢？

故事版本是这样流传的：李鸿章代表清政府签订了《马关条约》后，声名狼藉，更是被无数人视为国贼，苏昆首屈一指的丑角刘赶三更是对他恨之入骨。有一次在安徽会馆演出，好巧不巧，李鸿章也正在台下，刘赶三临时加了一句台词"着抓去三眼花翎"，这花翎是什么？是清朝官员代表官职资质的象征，这不明摆着是针对李鸿章的吗？讽刺得李鸿章当下便匆匆离场。李鸿章能忍，他年轻气盛的侄子可不能忍，上去就赏刘赶三两个大嘴巴。没承想，这刘赶三也是性子刚烈之人，没两天便服毒自尽了。此事一出，更是在京城闹得沸沸扬扬。也不知是谁在会馆里挂出一副对联："赶三已死无苏丑，李二先生是汉奸"。一时台下众议汹汹，为了安抚民众，李鸿章还因此离职一年之久。

实际上这个传说犯了移花接木的错误，对事件的描述不够准确。这个故事应该发生在 1884 年中法马江海战之后，其实刘赶三经常语出惊人，挨板子那就是常事儿了，只不过甲午海战发生时刘赶三已经卧病在床，根本没有机会登台演出。

马江海战以"法国不胜而胜，中国不败而败"的结局收场。当时清军提督（负责统管陆路或水路的军务总官兵）张佩纶是李鸿章的女婿，也是李鸿章一手提拔起来的。朝廷百官众议要定张佩纶重罪，李鸿章自觉脸上无光，上书自请摘去花翎。结果刘赶三口无遮掩，把这件事搬上台，说起了："摘去头品顶戴，拔去双眼花翎，剥去黄马褂子"等话。刚好那日有李家人在台下听戏，就把刘赶三告到了衙门。刘赶三吃了官司，回家后抑郁不已，从此再不敢胡言乱语。

新文化的摇篮——绍兴会馆

绍兴会馆，给人的感觉除了朴素还是朴素。没有湖广会馆那样的大气磅礴，也没有安徽会馆的宏伟壮丽，有的只是坐拥七间小房的普通院落，历史似乎没有给它留下太多的文字里程，绍兴会馆安静地伫立在南半截胡同的一角。但它的平凡也是不平凡，新思想从这里扬播，《狂人日记》在这里诞生，绍兴会馆安静地化茧成蝶，完成蜕变，成为新文化的摇篮。

为什么说"鲁迅"是从绍兴会馆诞生的

北京绍兴会馆，位于北京市西城区南半截胡同 7 号，是浙江绍兴人士在北京的会馆。绍兴会馆有著名的"仰蕺堂""涣文萃福之轩""藤花别馆""绿竹舫""嘉阴堂""补树书屋""贤阁""怀旭斋""一枝巢"等建筑，但是由于频频变迁，这些建筑早已面目全非，甚至有些已经不复存在了。鲁迅是怎样从这么一个古老的旧式建筑里诞生的？

1912 年 5 月，当时还是文学青年的周树人收到蔡元培的邀请来到北京，就落脚在南半截胡同的绍兴会馆，这一住就是七年。他一生在北京待了十四年，其中一半的时间是在绍兴会馆度过的。所谓的鲁迅在绍兴会馆诞生，并不是说鲁迅本人，而是指"鲁迅"这个笔名在这里诞生。

同乡会馆

周树人第一次使用"鲁迅"这一笔名是在 1918 年 5 月出刊的《新青年》上,《狂人日记》也是他发表的第一篇白话文小说。可以说,"鲁迅"这个伟大的笔名是在五四运动前夜的绍兴会馆诞生的,随着《狂人日记》的发行,"鲁迅"这个笔名也在当时的中国一炮走红。此时的周树人急于从这个小小的出口打开更大的世界,所以在短短一年时间内他又创作了《孔乙己》《药》《一件小事》等优秀的短篇小说以及《我之节烈观》《我们现在怎样做父亲》等重要杂文,另外还有二十七篇随感录和五十多篇译作。他迅速把自己打造成了新文化运动中最坚硬的长矛。

在这漫长的七年时间里,他如一把厚积薄发的宝剑,在暗无天日的磨砺中韬光养晦,一举在当时麻木的国人心上炸响一颗惊雷。他开始了以笔为刀、以文为药,医治国人精神上劣根顽疾的手术进程。

可以说,绍兴会馆是因鲁迅而闻名,"鲁迅"又因绍兴会馆而诞生。

为什么说钱玄同是《狂人日记》的催生婆

1918 年 4 月,中国文学史上的第一部白话文小说《狂人日记》在绍兴会馆的补树书屋诞生了,这是毋庸置疑的事实,那么一代国学大师钱玄同怎么变成了催生婆呢?

周树人住在补树书屋的时候,钱玄同经常来看望他,一来是两人同在东京留学,都是章太炎的学生;二来也是为了《新青年》的出版。钱玄同是五四运动的先锋人物,他在 1917 年初就开始给《新青年》杂志撰稿,并且积极支持文学革命,参加国语研究会。他在撰稿的同时,也在为《新青年》杂志寻找新的撰稿人。

关于撰稿的人选,他首先想到的是同窗好友周树人、周作人两兄弟,哪知周树人正处于低迷期,弟弟周作人很快就把稿子撰好上交了,周树人那儿还迟迟没有动静,这可把钱玄同急坏了,只得不厌其烦地亲自拜访，两人本来就志同道合，所以常常下午四五点钟开聊，直到半夜十一二点才散场。

有一次，钱玄同又兴致勃勃地来到补树书屋拜访周树人，看到周树人刚刚抄完的一叠古碑文，就问道："你抄这些古碑文有什么用？"周回答："没什么用处。"钱玄同不甘于他的回答，便又追问："那你抄这是什么意思呢？""没有什么意思。"钱玄同看出自己的好友心情郁闷，正苦于报国无门，就再次建议他写些文章。

周树人说："如果有一间铁屋子，是没有窗户而且很难破毁的，里面有许多熟睡的人们，不久都要闷死了，然而在昏睡中死去，并不会感到临死的悲哀。现在你大嚷起来，惊起了较为清醒的几个人，使这几个不幸的少数人去承受无可挽救的临终的痛苦，这样对他们不残忍吗？"

钱玄同立刻争辩说："然而这几个人既然起来了，你就不能说这铁屋绝没有被毁坏的希望！"真是"九言劝醒迷途士，一语惊醒梦中人"。钱玄同的这句话打动了周树人的心，帮助他走出了整日的阴郁沉默，终于写出了抨击旧封建礼教的白话文小说《狂人日记》，并于1918年发表在《新青年》上，署名鲁迅。

就这样，钱玄同成了《狂人日记》的催生婆。

为绍兴会馆题匾的魏铖真会"壁虎功"吗

魏铖（音同"郁"）原名魏龙常，别号龙藏居士，出生于浙江绍兴，是京津地区出了名的"精武书家"，他既工书法，又能诗善曲。但是他在人们心中却是一个不折不扣的"大侠"，他尚武爱武，具内功，又通"易筋经"等拳法，有神功，据说六七米高的墙垣，他能一跃而过。而且他平时又为人仗义，有古侠士风，常以武人自居，算得上是真正的"大侠"。

同乡会馆

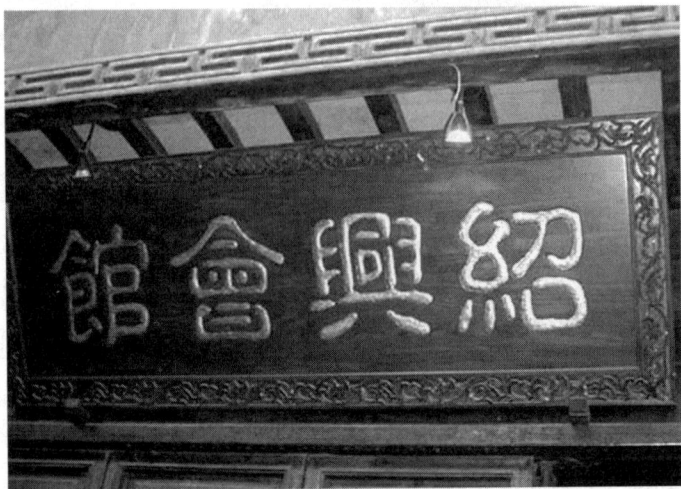

绍兴会馆匾额

若说魏戫和绍兴会馆的关系，除了他是地道的绍兴人，绍兴会馆的门匾"绍兴会馆"也出自这位名家之手。根据鲁迅回忆，魏戫是他父亲周伯宜的同案秀才兼好友，父亲曾讲过一个关于魏戫的传奇故事。

有一次，身为秀才的魏戫在桥西的镇东阁与一女子饮酒作乐，镇东阁的对面便是处死刑犯的轩亭口，接近绍兴府衙门，所以差役众多。差役们听说魏戫在对面饮酒，认为是从这个小秀才身上讹诈得财的好机会，便另几个差役前去恐吓他。魏戫见他们坏了自己的好兴致，怒火中烧，却又一言不发，只拎起其中一个差役，向窗外随手一扔，可吓坏了其他差役，镇东阁和小城门差不多高，从这里摔下去，肯定粉身碎骨一命呜呼了，谁也没想到，魏戫竟然也跟着跳了下去，纵身一跃，在差役还没有着地的时候一把抓住，二人平安落地，差役没有摔死，但也吓得昏厥过去。

这个"大侠"不仅武功了得，还能写出一手好字，实不多见。能让魏戫下笔题匾，也算是绍兴会馆一大幸事。

· 86 ·

思想启蒙运动的策源地
——"戊戌三馆"

戊戌变法是中国近代史上一次重要的政治改革，也是一次思想启蒙运动，促进了思想解放，推动了社会发展和文明进步。如果说戊戌变法是思想解放运动的起点，那么南海会馆、新会会馆和浏阳会馆这三个晚清的会馆就是思想启蒙运动的策源地。

为什么说晚清的会馆蕴育了戊戌变法

戊戌变法的主人公大部分都是进京参加科举考试的外省举子。明清时期，朝廷实行开科取士制度，全国各地的举子都来到京城。举子们初来乍到，没有熟识的人，就期望有一个同乡人聚集且能相互照应的场所。正是顺应了这一需要，已经考取功名的朝廷官员就集结同乡的富贾巨商、士绅，共同出资，在京城购买、修建房屋，用来招待赴京应试的同乡举子。这就是类似于现今外埠驻京办事处、招待所的会馆。

甲午战争以后，国家多难，地方势力崛起，这时候许多会馆走上历史舞台，成为爱国志士集会、居住、影响历史的重要场所。特别是南海会馆、新会会馆、浏阳会馆这三个蕴育了戊戌变法的会馆。

南海会馆位于北京米市胡同，建于清道光四年，后经不断扩建，到

光绪三年已经发展为拥有一百九十多间房的大会馆。光绪八年，康有为来京参加科举考试，就住在南海会馆的"七树堂"。光绪二十一年，康有为再次进京赶考，仍住在南海会馆。时逢甲午战败,《马关条约》的签订引起举国上下民众的强烈不满，康有为也怀着一腔热血在南海会馆起草了《上今上皇帝书》，提出了"变法成天下之治"的治国主张，联合各省举子三千多人发动"公车上书"。康有为人生中有十六年都是在南海会馆中度过的，在此期间，他联合其他维新派领袖成立了"知耻会""强学会"，并创办《万国公报》，策划变法方案。

新会会馆则是梁启超结婚的大喜之地，也是他开展改良主义运动的策源地。1916 年，梁启超在新会会馆起草了《保国会章程》，策动蔡锷发起了举国闻名的护国运动。

戊戌六君子之一的谭嗣同则曾在浏阳会馆居住，会馆位于原宣武区北半截胡同。戊戌变法失败后，他在这里被捕，后英勇就义，年仅三十四岁。

南海会馆、新会会馆和浏阳会馆这三个晚清会馆，成为蕴育戊戌变法的摇篮。

新会会馆是梁启超的大婚之地吗

新会会馆与梁启超结缘不浅，这里既是他结婚大喜之地，又是发动改良主义运动的发源地。1916 年，梁启超在新会会馆起草了著名的《保国会章程》，策动蔡锷将军起兵反对袁世凯，为中国人民争人格。

梁启超十七岁那年在广东乡试成为举人，第二年在父亲的陪同下来到北京参加会试，就住在新会会馆。典试广东的内阁大学士李端棻（音同"分"）看中梁启超的文章，认为文章立意新颖，读之酣畅淋漓，所以对才貌双全的梁启超十分赏识，就把自己的堂妹李蕙仙许配梁启超为妻。李蕙仙比梁启超大四岁，结婚那年李蕙仙二十三岁，梁启超十九岁，婚礼由李端棻亲手操办，在北京的新会会馆举办。

李蕙仙家境富裕，算得上是千金小姐，而梁启超生在贫苦家庭，是靠半耕半读过日子的穷书生。他们结婚后，日子过得很清贫，但门第的悬殊并没有影响二人的感情发展，他们之间相敬如宾、恩爱有加，一度在学界传为佳话。

李蕙仙自幼出身名门，熟读诗书，婚后一直跟随梁启超努力学习，并且尽力辅佐梁启超，算得上是不可多得的"闺中良友"。并且她还在上海创办了女子学堂，担任校长一职，成为中国第一位女学校长。另外，李蕙仙还是妇女运动的发起人，刊物《妇女报》的主编之一。

李蕙仙不仅帮梁启超抄录文章，做他的忠实读者，而且还教他学国语，可以说，梁启超能在政治和学术上有今天的成就，和他这位德才兼备的夫人是分不开的。

后来，李蕙仙因不治之症逝世。梁启超在痛苦之中写下了对夫人的怀念："我德有阙，君实匡之；我生多难，君扶将之；我有疑事，君权君商；我有赏心，君写君藏；我有幽忧，君噢使康；我劳于外，君煦使忘；我唱君和，我揄君扬；今我失君，只影彷徨。"

单从这首诗就可以看出他们的琴瑟和鸣，新会会馆留下了许多梁启超和李蕙仙的踪迹，成为他们的爱情见证。

浏阳会馆是谭嗣同的生命终结地吗

清光绪三十年，科举制度被废除，会馆失去了"试馆"的效用，转而被各地在京城办公的官员及家人、商人、学生继续使用。偶尔还会有来京暂住的乡亲故人来此聚会、宴请、祭祀、会友，等等。这时会馆的使用性质发生了改变，摇身成为"同乡会"和"行业工会"性质的

同乡会馆

场所。

浏阳会馆变成爱国人士的聚集地，顺应了当时的时代潮流。

戊戌六君子之一的谭嗣同就住在浏阳会馆。

谭嗣同入住浏阳会馆后，第一件事就是在居室上题字，乱世之下，别人都唯恐惹祸招愆，进而言行小心谨慎，他倒好，豪迈之下，大笔一挥题下"莽苍苍斋""家无儋石"和"气雄万夫"几联锋芒毕露的大字。亏得康有为及早发现，好说歹说劝他改作。结果谭嗣同又是一个抬笔："视尔梦梦，天胡此醉，于时处处，人亦有言。"他倒是豪杰不怕乱世扰，称得上真英雄。这样的豪情壮志似乎冥冥之中就注定了谭嗣同不愿苟且的命运，戊戌变法失败后，他被捕就义。浏阳会馆亲身经历了谭嗣同被捕时的英勇无畏，还有他那句最后的绝唱："有心杀贼，无力回天，死得其所，快哉快哉。"

原本谭嗣同是有机会逃跑的，不会有人说什么，但是他却说："外国变法未有不流血者，中国变法流血请自嗣同始！"

浏阳会馆就此成了谭嗣同生命中最后居住的地方。

历久弥醇的沧桑会馆
——番禺会馆

番禺会馆不仅是一座具有深厚历史底蕴的建筑，更是中华文化传承的重要载体。虽然历经沧桑，但其独特的建筑风格和丰富的文化内涵仍然吸引着众多游客前来探访。

番禺会馆的前身是龚自珍故居

番禺会馆位于西城区上斜街 50 号，是一处重要的历史遗址。很多人都不知道，清道光时龚自珍曾经在这里居住，龚自珍的宅院本来是气派漂亮的，前有住宅，后有花园，放在现在可以算得上是小别墅了。既然是龚自珍故居，那么又如何成了番禺会馆？

原来广东番禺富贾潘仕成从龚自珍手里买下这所宅院后，就赠给了广东同乡会，所以才有了番禺会馆。龚自珍出身于书香门第，是我国近代著名的思想家、诗人、文学家。他的一生仕途坎坷，世人皆知他曾写下"落红不是无情物，化作春泥更护花"的千古绝唱，但鲜少人知他也是一代爱国奇才。

他关心国家和民族的前途命运，写下"故人怀海拜将军，侧立南天未蒇勋。我有阴符三百字，蜡丸难寄惜雄文"的诗句，以表达他全力

支持林则徐禁烟的决心。他一生最大的愿望就是看到社会改革，在当时麻木不仁的社会，他是清醒的，他清醒地看出了清王朝的腐败和堕落，明白封建社会早已到了日暮途穷的地步。但在当时的社会背景下，他迫切想要变革的愿望不是能轻易实现的，政治上不得意，也只能寄情于诗，为此龚自珍写下许多爱国壮志的名诗，然而这些诗确实给当时还在睡梦中的人们以当头棒喝。梁启超这样评价他："晚清思想之解放，自珍确与有功焉。"

中国最后一个探花真的是出自番禺会馆吗

番禺会馆能在京城拥有盛赞美誉，多亏了著名的"禺山双凤"，这"禺山双凤"是对商衍瀛、商衍鎏兄弟俩的誉称，哥哥商衍瀛是著名的书法家，弟弟商衍鎏是中国最后一个探花。兄弟二人为了完成父亲的愿望，进京后在番禺会馆里两耳不闻窗外事，一心只读圣贤书。二人终取得好成绩，一时名声大噪，被众人传为佳话。

商衍鎏的父亲商廷焕是商家第一个读书人，而商衍鎏又是中国历史上最后一个探花。这父子俩的命运很是传奇，商廷焕考举七次未中，儿子却在清朝最后一次科举考试中考取一甲第三名的成绩，高中探花。大家都知道商衍鎏响亮的名号，却很少有人知道他不仅是个支持民主革命的改革家，还积极促进中德文化教育交流。

商衍鎏政治思想开明，善于学习其他国家优秀的政治制度。为了改革清朝制度的弊端，商衍鎏前往日本留学学习明治维新的改革经验。商衍鎏虽然是从封建思想制度中走出的文人学士，但思想并不迂腐，他的政治思想开明，在日本就与康有为、沈钧儒有过交集，回国后自己研究变法事宜，并向清廷提出改革的方案，只可惜当时腐败的清廷并未采纳，商衍鎏深感失望，后来孙中山等革命人士策划推翻清朝，商衍鎏意识到封建制度必然走向灭亡，民主革命必须进行的现实，便全力赞成建立共和政体，并在国民政府里担任国民党总统顾问等职位。

后来国民政府走向政治腐败，帝国主义侵略又近在眼前，商衍鎏看不到国民政府的希望，于是愤然辞职归乡。虽然生活清贫，但仍坚持慈善事业，还担任红十字会副社长的职位。新中国成立后，周恩来总理亲自接见商衍鎏，并邀商衍鎏进入中央文史馆工作。

商衍鎏的一生可谓是平凡又伟大，倒也算是一生无憾了。

潘仕成为什么要捐赠番禺会馆

我们知道番禺会馆的前身是龚自珍的故居，是晚清巨贾潘仕成从龚老先生手中买下并捐赠给广东同乡会的。可是潘仕成为什么要捐赠番禺会馆呢？

潘仕成是晚清享誉朝野的官商巨富。他的祖先是清朝的盐官，潘仕成在这样的家庭条件下成长起来，自小耳濡目染，又深得潘家长辈的言传身教，早早就懂得了人情世故，再加上他本身就是块经商管理的料，故潘仕成做起商人来得心应手，甚至比父辈们做得更加出色。盐商自古就属于国家行业里最易得财的行业，潘仕成继承家业以后，花钱买了个二品官位，一边继续经营打理盐务、扩张茶叶生意，一边利用清朝开辟商埠的机会，顺势成为广州十三行的巨商之一。

潘仕成一生大部分时光都是在广州度过的，他既从商又参政，尚古也崇洋，不仅是国家和大众危难时慷慨解囊的大慈善家，又是清廷处理对外事务的顾问。潘仕成一生家业有多大，谁也说不清楚，但单从修建的私人别墅——海山仙馆来看，他家大业大的程度绝非一般人所能想象。

海山仙馆是一座庞大的园林建筑，院中山、水、池、廊、小榭、轩

同乡会馆

窗、阁楼样样都有，且园中遍种荔枝，绿荫遮蔽，丹荔垂枝，高阁层楼，掩映在层层绿树丛中，宛如世外桃源、人间仙境一般。而且潘仕成极为好客，所以来海山仙馆的名流雅士络绎不绝。

如今的番禺会馆早已不见之前的气派，花园、亭榭、戏台、假山都已不复存在，现为重点文物保护单位。

与孙中山先生同名的会馆
——中山会馆

    位于北京西城区珠朝街的中山会馆，是一座由三进庭院檐廊相连、花园游廊、朱门抱石、花厅彩画，什锦院墙、亭榭阁楼、小桥流水浑然一体的典型岭南风格建筑。这座古香古色的建筑可谓雕梁画栋，怪不得当年孙文先生如此中意这里。现如今，这座曾经见证光辉历史的城南会馆，正在一点一点恢复它原本的模样。

中山会馆缘何易名

    中山会馆原名香山会馆，清嘉庆年间始建，后由广东香山县乡友筹款扩建。那么香山会馆又因何易名？这其中的缘由，恐怕要数曾与孙中山先生有着莫逆之交的唐绍仪先生最为清楚了。

    唐绍仪，字少川，1862 年 1 月生在广东香山县，是清末民初著名的政治活动家、外交家、清政府总理总办、山东大学第一任校长、中华民国首任内阁总理，国民党政府官员。身兼多职的他自幼在上海读书，1874 年赴美留学，后来在哥伦比亚大学读书，回国后又驻朝鲜任职。1895 年，唐绍仪从朝鲜回京寓居香山会馆中，并筹资扩建香山会馆。仅三年时间，就把这里建成了有戏台、花园、假山、回廊、亭榭等

同乡会馆

建筑的大型会馆。后来唐绍仪因为与孙中山产生政治分歧，便收拾行囊回到家乡，当起了乡壤间的县长。1925 年，孙中山逝世，这恐怕是唐绍仪最难过的一年。

说到这里，不得不提到唐绍仪和孙中山的关系。唐绍仪原本是袁世凯提拔任用起来的，但他不赞同袁世凯的政治行为，多次致电劝其退位未果。1916 年，袁世凯暴毙。唐绍仪在后来的南北和谈中与孙中山结识并站在他的革命立场。唐绍仪与孙中山年龄相仿又是同乡，所以是极容易产生革命友谊的，孙中山对他又十分尊重，二人一起经历了十年的政治合作，最终还是因为彼此之间的政治理想不同而告终，虽然是道不同不相为谋，但两人依旧保持着私人友谊，并没有因为政治立场相悖就反目成仇，可谓是君子之交。

孙中山去世后，为了纪念故去的老友，唐绍仪向国民政府提出将香山县易名为中山县，直到两年后香山县才正式被批准易名为中山县，北京的香山会馆也因此易名为中山会馆，流传至今。1933 年亲任中山县县长的唐绍仪再次回到中山会馆，并集资修缮。

中山会馆易名，涵盖的是唐绍仪对他和孙中山友情的尊重，孙中山生前也曾在中山会馆里会客，这个名字也算是唐绍仪对孙中山先生的怀念。

唐绍仪为什么当了总理又当县长

唐绍仪从 1912 年 3 月担任中华民国第一任内阁总理到 1912 年 6 月提出辞呈，时任不到三个月。有人质疑，这才当了三个月的总理就不行了？其实不然，其中另有隐情。

还是那句话"道不同不相为谋"，唐绍仪自少年时就赴美留学，是受过民主共和熏陶的有志人士，所以他是更易于接受新思想的。在上任民国总理的当天，他就受孙中山、黄兴、蔡元培等人的邀约，加入了同盟会。唐绍仪上任后，勤政务实，注重办事效率，使民国政府呈现出一片新气象。

可这偏偏犯了袁世凯的大忌，他们二人，一个一心想要恢复帝制，一个积极推行责任内阁制，矛盾与日俱增。事事恪守《临时约法》的唐绍仪对做梦都想当皇帝的袁世凯来说，无疑成了绊脚石，二人的隔阂越来越大，只是念于昔日"战友"的旧情上，并没有发生大的争执。

真正导致这两个并肩作战几十年的"战友"分道扬镳的，是"王芝祥督直改委事件"。当时正值南北议和时期，敲定直隶省的地方行政长官成了当下最重要的事情。南方代表认为直隶毗邻北京，用自己的人可以制约袁世凯，扩大革命党的北方势力范围，便推举直隶通县人王芝祥担任。对于这个提议，唐绍仪是赞成的，但袁世凯则认为直隶是他起家的地方，又是京畿要地，绝对不能让王芝祥担任，但又不好明着拒绝，就说可以先让王芝祥来京。谁也没想到这只是袁世凯的权宜之计，是袁世凯为了骗取同盟会放弃陆军总长职位而设下的圈套。

1912 年 5 月底，王芝祥刚刚进京，就被袁世凯以军界反对为由改委王芝祥赴南京遣散军队。唐绍仪认为此举不妥，劝说袁世凯不能因军队反对的缘故失信于民，而袁世凯也十分坚决地回复唐绍仪"除了这件事，其他的都可以听总理的"。袁、唐二人自此闹僵，唐绍仪遂于 1912 年 6 月 16 日提出辞职，不告而别。

1929 年，唐绍仪担任中山县训政实施委员会主席一职，并于 1931 年 3 月兼任中山县县长，在就职词中，他表示要花二十五年时间把中山县建成全国模范县。

唐绍仪这县长做得比总理要得心应手，他一直觉得官小比官大干着更有兴致。虽然他建全国模范县的愿望没有实现，但唐绍仪在职期间，也做了不少利国利民的好事。

也就是在卸任民国总理和上任中山县县长的年间，唐绍仪提出了将"香山会馆"易名"中山会馆"的提议，并从乡里集资对中山会馆进行修葺整改，这也是唐绍仪为乡人作出的又一贡献。

同乡会馆

民宅故居

浮沉宦海如鸥鸟，生死书丛似蠹鱼
——纪晓岚故居

纪晓岚生前曾自撰挽联："浮沉宦海如鸥鸟，生死书丛似蠹鱼。"他把自己比作沉迷于书海的书虫，《阅微草堂笔记》就是这样写成的，纪晓岚故居也因此得雅号"阅微草堂"，后来，启功大师为之题匾——"阅微草堂旧址"。走进阅微草堂，仿佛还能看到这位清朝的"河间才子"构思《四库全书》时的样子，使这间承载了纪晓岚大半人生的宅子，变得更加耐人寻味。

纪晓岚故居第一任主人是岳飞后人吗

提起纪晓岚，可谓家喻户晓。纪晓岚在这所雅号"阅微草堂"的宅子里度过了人生两个阶段，分别是十一岁到三十九岁和四十八岁到八十二岁，总共六十二年。在这里居住期间，他留给世人的印象就是"纪大烟袋"和撰写《阅微草堂笔记》，那么在他住进来之前，这里住着什么人呢？

纪晓岚故居第一任主人并不是纪晓岚，而是岳飞的第二十一代孙，也是雍正时期的朝廷权臣、陕甘总督岳钟琪。

岳钟琪一生从未打过败仗，所以被称为"清代常胜将军"。军事上他屡建奇功，深沉刚正而且才智过人，对士兵下属非常严厉，但能和部下同甘共苦，所以他的部下都对他忠心耿耿。在青海之乱中，他立下军功，后带兵入西藏。乾隆皇帝十分看重他，还把他列入五功臣之一，称他为"三朝武臣巨擘"。

不仅如此，岳钟琪在政治上也小有成就，在他担任陕甘总督期间，在陕西、甘肃两省大力推行摊丁入亩，对当时的社会经济起到了一定的积极作用。在川期间，他又在四川民族聚居地区实行"改土归流"的政策，废除当地的土司制度，从而达到了减少叛乱、加强中央集权、促进民族聚居地区社会经济发展和民族和谐统一发展的目的。

这位屡立奇功的将军，为大清朝廷奉献了一生，历经康熙、雍正、乾隆三代皇帝，尽力辅佐，穷其一生。最终在乾隆十九年时，年近古稀的岳钟琪抱病出征，病卒四川，乾隆帝深感惋惜，赐谥号"襄勤"。

这所后来的纪晓岚故居就是雍正时期岳钟琪在京的住宅，岳钟琪招忌被贬期间，这所宅子也被没收充公。所以，纪晓岚故居的第一任主人不是纪晓岚，而是这位战功显赫的大将军岳钟琪。

纪晓岚故居的海棠从何而来

纪晓岚故居是一所两进四合院格局的欧意式风格建筑，整个住宅厅廊相连、雕栏玉砌，前厅内院草木繁荣，尤以一株花发似锦的海棠最为惹眼，为纪晓岚亲手所栽。说起这株海棠，还有一段鲜为人知的爱情故事呢！

据说纪晓岚少年时风流倜傥，一次在海棠树下与自家叔叔的婢女文鸾初识，那时的文鸾才十三岁，纪晓岚见她与自己年龄相仿，长得一副乖巧动人的模样，又是聪颖过人的女子，便常常与她在海棠树下嬉戏玩

耍，两人情投意合，互立盟约，约定终身。纪晓岚承诺等他考取功名，一定回乡将文鸾迎娶过门。

哪知，命运不肯眷顾这对苦命鸳鸯，文鸾的父亲狮子大开口，定下天价彩礼，纪晓岚的父亲纪容舒一气之下不许纪晓岚再提此门亲事。文鸾只知纪晓岚迟迟不来提亲，却不知道是父亲从中作梗，以为纪晓岚见异思迁，负己痴心。因而相思成疾，终日郁郁寡欢，不久便香消玉殒了。

纪晓岚功成还乡，却发现文鸾早已与他阴阳两隔，伤心不已。为了纪念文鸾，纪晓岚在自己的院内种了两株她最喜欢的海棠花。

几十年后，在纪晓岚四十多岁的一天，忽做黄粱一梦，梦里自己与文鸾一起在海棠树下嬉戏打闹，醒来后，他感慨万千，对着海棠花写下一首《题秋海棠》的诗："憔悴幽花剧可怜，斜阳院落晚秋天，词人老大风情减，犹对残花一怅然！"

现如今，当年花团锦簇的海棠独留一株，真可谓物是人非。

纪晓岚巧对下联暗讽私塾先生

关于纪晓岚的名闻轶事可不单只有凄美的爱情故事，根据史料记载，纪晓岚的整个少年时代都是在"阅微草堂"这个风格迥异的宅子里度过的，发生在这里的趣事自然不少。

纪晓岚少时在私塾读书，因他过人的才智和过目不忘的记忆力，让他有了"小神童"的称号。他的老师石先生非常器重他，但因纪晓岚年幼贪玩，又实在觉得功课简单枯燥，就偷偷在墙上凿洞养了一只雀鸟，日日喂食之后便用砖石堵住，以免被人发现。

可偏偏有一日被石先生撞破，石老先生恨铁不成钢，就悄悄地把雀鸟摔死了，并且原封不动地放回洞里，又在墙上题笔："细羽家禽砖后死"。

　　纪晓岚下课又去喂食，却发现雀鸟已死，墙上的对联显然就是石先生所为，纪晓岚气不打一处来，挥笔就对出下联："粗毛野兽石先生"。石先生看到对联十分生气，质问纪晓岚怎敢辱骂先生。谁知纪晓岚早有对策，他无辜地说："我是根据先生的上联对出下联的。粗对细，毛对羽，野对家，兽对禽，石对砖，先对后，生对死。先生您说我做得对吗？"石先生无言以对。

　　过了几天，纪晓岚去拜见石先生，可是老先生还在为前几日的事情怀记在心，不愿搭理他，坐在椅子上闭目养神，对纪晓岚不管不问。纪晓岚见此状况又想搞怪，出了大门后重新返回，一进门就请教石先生"阄"字的用法写法，石先生不以为意，只当他是知错悔过，等纪晓岚离开很久才恍然大悟，原来纪晓岚用"阄"字暗指门内的乌龟。石先生吃了哑巴亏，只能在心里暗骂纪晓岚怀才不正用。

　　不过，这些趣闻轶事也只是纪晓岚一生辉煌画册的一笔。最值得一提的还是他倾尽一生精力编纂的《四库全书》，当然还有那本可以同《红楼梦》《聊斋志异》相提并论的笔记小说《阅微草堂笔记》。

民宅故居

护国运动的根据地——蔡锷故居

这里曾经的主人是反袁维和的护国大将军蔡锷，被袁世凯软禁在北京的时候，寓居在这里，然后这所宅子就成了他的将军府。这里曾经危机四起，但到了现在也只是一所普通的宅子，宅子里的居民过着平凡的日子，不知道还会不会有人想起曾经那段风起云涌的故事。

蔡锷故居为什么曾是一代女将秦良玉屯兵之地

蔡锷将军的故居位于北京西城区棉花胡同66号，棉花胡同可不是制造棉花的胡同，名字的由来还要从明末著名女将秦良玉说起。

提到古代的巾帼英雄，大概第一个想起的就是花木兰。但历史上真正列入国家编制的女将军其实只有秦良玉一个。古代修撰史册把女性名人都是记载在列女传中，只有秦良玉是被作为王朝名将记录在史书将相列传里的。

秦良玉在京屯兵时，驻扎在宣武门外四川营，四川营胡同位于北京宣武门外骡马市大街的北面，附近有十几条"棉花胡同"，"棉花胡同"这个名字其实得于秦良玉。她在驻京期间，曾经命令下属和女眷一起纺棉织布，大概是为了军事需要，纺织的规模不小，周围民房皆能听到纺织轰鸣声，因此这些胡同就被后人叫作"棉花胡同"。当年，秦良玉率众多良将精兵，占据棉花胡同诸条，因为明末国库空虚，她便想出了屯田纺棉的策略，可谓足智多谋，也在这些胡同留下了屯兵建营的痕迹，蔡锷公馆回廊相连的格局似乎也有秦良玉屯兵营房的味道。

秦良玉从小就胆识过人，跟兄长学习骑射之术，聪明貌美，又作得一手好文章。她在二十岁的时候嫁给了石柱宣抚使马千乘，夫妻二人惺惺相惜，感情极好。两人曾携手大败叛贼杨应龙，立下汗马功劳。不幸的是，丈夫马千乘被奸人构陷，最后病死狱中。秦良玉痛失挚爱，但她却没有因此迁怒于朝廷，而是打起精神马上替任丈夫的职位。秦良玉虽为女子，但不失谋略胆识，治兵严谨，战功显赫，曾先后参加了抗击清军、杨应龙叛乱、张献忠之乱等战役，被皇上亲封为二品诰命夫人。崇祯帝朱由检对秦良玉的勇敢和胆识十分赏识，曾在召见她时作了四首诗表彰她的功绩。其中一首这样写道："蜀锦征袍手制成，桃花马上请长缨。世间不少奇男子，谁肯沙场万里行。"

巾帼不让须眉，秦良玉的一生很好地诠释了这句话。而秦良玉的这些英勇事迹，无疑为蔡锷故居这个她曾经的屯兵驻扎之地添上了光辉的一笔。

蔡锷是不是一生最爱潘蕙英

提到潘蕙英，大多数人都是陌生的，在蔡锷被软禁在蔡锷故居的时候，据说这位潘夫人是陪伴在侧的，也就是说，潘蕙英也曾在蔡锷寓居了两年的北京蔡锷故居里居住过，在蔡锷最艰难的时候，是潘蕙英不离不弃地守候着。

潘蕙英是云南人，出生在士绅之家，算得上是昆明城的名门望族。她从小在私塾学习，后来又接受过西式教育，是个貌美而且极聪颖的女子，在当时的昆明城是数一数二的名媛，自然不乏追求者。但潘蕙英是受过高等教育的女子，在择夫这方面的眼光很高，不是普通的富家子弟

所能及的。直到结识了蔡锷，她才坚信这就是她要找的如意郎君。尽管蔡锷比潘蕙英大十几岁，还是有家室之人，但潘蕙英依然义无反顾。

面对眼前这位温婉深情的女子，蔡锷当然没有抵抗力，最重要的是，她懂他。蔡锷从未遇见过这样一位理解他，能与他在精神道路上一同前行的女子。潘蕙英无疑成为他的知音密友。

蔡锷在公务时间以外几乎都是和夫人潘蕙英一起度过的，两个人情投意合，感情极深。蔡锷在北京的时候，潘蕙英伴在身边，蔡锷要逃亡，潘蕙英便把女儿和幼子托付给婆婆和大夫人刘侠贞，不顾身孕硬要跟着蔡锷走，蔡锷不放心潘蕙英，只好先安顿她在天津，随后再与她会合。

蔡锷在津入院期间，潘蕙英在病床前不离不弃。后来蔡锷为了掩人耳目要辗转多地去云南，考虑到对胎儿不利，就先派人护送潘蕙英去云南，自己再与其相会。蔡锷回到云南不久便带兵到四川作战，在病魔缠身和战事紧张的情况下，他仍然不忘远在云南的红颜娇妻。繁忙之中，他总会抽时间写信给潘蕙英，战事未断，信也未断，由此可见蔡锷对潘蕙英的感情之深、思念之切。

在川南，蔡锷收到消息，潘蕙英在昆明生下第二个儿子，他即刻给儿子起名永宁，表示这个儿子是在永宁作战之时所生，也取国家永远安宁之意。反帝讨袁成功后，潘蕙英立刻带着儿子永宁赶往四川与蔡锷相聚，然后又陪着蔡锷远赴日本就医治病。不承想，日本竟成了这对恩爱夫妻的永别之地，蔡锷去世后，潘蕙英剪下蔡锷的一缕头发，夹在自己的发髻中，表示她对蔡锷的永不相忘。二十多岁的潘蕙英从未再嫁，一直守寡到老。

据蔡锷将军的重外孙袁泉先生证实，关于蔡锷和潘蕙英的爱情传奇的真实可信度很高。况且也有九封珍贵的家书为证，蔡锷将军一生最爱的女子应该就是这位一直对他不离不弃的二夫人潘蕙英。

武将蔡锷为什么是文学奇才

"国葬第一人"蔡锷将军是一代英明武将，可是你知道他六岁读私塾并且得到老师的赏识、十岁通读四书五经且行文流畅、十二岁中秀才被誉"神童"、十三岁拜维新思想家为师、十六岁考入长沙时务学堂、十八岁赴日本留学的别样人生经历吗？

年少时蔡锷就才智过人，思想觉悟早已超过同龄人，因此民间有不少关于他的传闻故事。有一次，蔡锷和小伙伴一起放风筝，玩得正高兴，不料风筝线被扯断，风筝好巧不巧落在太守家的院子里，同伴之中没有一个人敢前去索要，只有蔡锷一人勇敢上前，结果被看守的家仆拦下，二人发生了激烈的争执，甚至惊动了太守。

太守见蔡锷聪明勇敢，心下十分喜欢，就想考考他，并以找风筝为题出了一联："童子六七人，无汝尔狡。"蔡锷想了一会儿对出下联："太守两千石，唯有公……"蔡锷说到关键字眼便不再说下去，太守好奇地再三追问，蔡锷机智地回答："你还我风筝，就是'唯有公廉'；你若不还，那就是'唯有公贪'了。"太守听后哈哈大笑，直夸他机灵过人，便把风筝还给他了。

蔡锷九岁的时候，曾和父亲一起到宝庆买书，恰逢新任知府张榜征联，他和父亲上前观联，只见上联是："中秋月不明，挂一盏灯，替乾坤增色。"他思考了一番便胸有成竹，却没有即刻献对，而是回到了家中。

等到来年农历正月惊蛰那天，他见天朗气清，就缠着父亲带他到宝庆府献对，他坐在父亲肩头对着知府衙门的惊堂鼓大击三下喊道："击鼓献对。"衙役一看是个童子，就轻蔑地说："毛头小子，也敢献对？"蔡锷并不在意他说的话，而是接过纸笔，从容地写出下联："惊蛰雷

民宅故居

未动，擂三通鼓，代天地回春。"知府看过之后，连连称赞蔡锷是个奇才。

像蔡锷这般，又能写文对词，还会行军打仗，既有才智，又讲求品德修养之人，又有几人能及？真可谓文武双全的旷世奇才。

拖着"老虎尾巴"的宅子
——鲁迅故居

曾经写出惊天动地文章的鲁迅先生原来在北京也有他自己的宅子，这所鲁迅先生亲自设计的宅子到处弥漫着朴素简洁的气息，踏进院子，却又不得不感叹这是一处充满生机与活力的宅院，最让人好奇的是，这所宅子还拖着一个神奇的"老虎尾巴"，这是怎么回事呢？

鲁迅先生在北京生活的最后一处住所

在北京阜成门宫门口西边有一个极其普通的小四合院，在这个小小的院落里，每到春天，俨然一幅"春色满园关不住"的画卷，丁香、黄刺梅、榆叶梅、碧桃争奇斗艳，满园花香，幽静的庭院，给人清新自然的舒适感。这里曾经留下伟大的文学家鲁迅先生的足迹。

这个宅院是鲁迅先生 1923 年 12 月购买的，1924 年春天亲自设计改造成四合院，1924 年 5 月至 1926 年 8 月居住于此。据说，鲁迅当时是借款修建此宅，直到 1926 年 8 月鲁迅离开时收到厦门大学付给的薪金后才还清借款。可见当时鲁迅的生活也是不甚如意。

鲁迅在北京的十四年中，一半的时间住在绍兴会馆，另有两年住在这所他亲自设计的宅子里。

民宅故居

　　鲁迅的宅院用的是典型的黑漆大门，跨过第二道门，这个小四合院的景色便尽收眼底，朱红色的窗棂门框和郁郁葱葱的树叶交相辉映，显得小院生机勃勃。南房三间、北房四间、东西小厢房各一间，格局不大，倒也不失典雅。

　　南房是鲁迅个人的藏书阁兼会客厅，设计得朴素雅致。北房的东屋和西屋分别住着鲁迅的母亲鲁瑞和原配夫人朱安。东厢房住着当时的女工，西厢房是厨房。

　　屋里的陈设都十分简单，特别是鲁迅这位默默无闻的夫人朱安的西屋，只有一张竹床和一个黑色大立柜。鲁迅曾经说过："她是母亲送给我的一件礼物。"可毕竟是没有共同语言的，他们之间也没有爱情，可以说，朱安只是鲁迅的名义妻子。但是这位朱夫人毫无怨言，一直勤勤恳恳照顾鲁迅的母亲，也是在这座宅子里居住时间最长的主人。

　　这所宅子是鲁迅在北京生活的最后一处住所，这些屋子看似普通，但每一间都记载着关于鲁迅的故事。

为什么说鲁迅住在"老虎尾巴"里

　　鲁迅的节俭是出了名的。不仅母亲和夫人朱安的房间陈设简单，他的住房更是被讽刺为"灰棚"，算是房屋里面最差劲的了。由于这间房是拖在北三间房的后面，像个小尾巴，所以人们称它为"老虎尾巴"。

　　"老虎尾巴"实在是小得可怜，仅仅八平方米，却是鲁迅的卧室兼工作室，屋子是鲁迅亲自设计的，不仅考虑到经济因素还考虑了采光问题，房屋布局紧凑又不失简洁，不论是最珍贵的书刊，还是书桌上一件不起眼的砚台，鲁迅都摆放得适当而不乱，如果鲁迅先生生在21世纪，估计也会是一个很好的室内设计师吧！他曾这样解释："我这书桌摆设在北窗下面，采光自然，上午下午都可以读书写作，而且不会因为阳光

直射伤害视力，最重要的是，从这个角度刚好可以一睹院里的风光，别有一番风趣。"

就是在这间被他叫作"灰棚"的小屋里，他把自己的价值发挥到了极致，写下了《华盖集》《续编华盖集》《坟》《野草》《彷徨》等不朽之作，发行了《中国小说史略》《热风》等著作，同时还主持编撰了《语丝》《莽原》等周刊杂志。

鲁迅曾经说过："我好像是一头牛，吃进去的是草，挤出来的是奶和血。"这句话一点不错，"俯首甘为孺子牛"说的就是鲁迅先生。他的一生总是在无私奉献，默默付出不求回报。他的"老虎尾巴"里有一张两块床板架起的床，垫的褥子和盖的被子都很薄，冬天也从不在"老虎尾巴"里单独生火。鲁迅的同窗好友劝他对自己好一点，可他却反驳道："你看我的棉被，也是多少年没有换的老棉花，我不愿意换。你再看我的铺板，我从来不愿意换藤绷或棕绷，我也从来不愿意换厚褥子。生活太安逸了，工作就被生活所累了。"

鲁迅就是这样的人，总是努力忘我地工作，生活却一直节俭朴素。从这间小小的"老虎尾巴"里，就能看到他以前的生活剪影。

鲁迅和许广平的惊世之恋是在"老虎尾巴"里开始的吗

"这是母亲给我的一件礼物，我只能好好地供养她，爱情是我所不知道的。"这是鲁迅形容他的大夫人朱安时说的话。很明显，他们之间没有爱情，甚至朱夫人从新婚之后就独守空房，没有子嗣。

在"老虎尾巴"里有这样一件意义非凡的物件，是一对枕头，摆在鲁迅的床头，上面的图案生动活泼，大概是鲁迅房里最鲜艳的物件了。这对枕头，一个上面绣了"卧游"二字，一个上面绣着"安睡"二字。这对绣花枕头是鲁迅的二夫人许广平学生时代亲手缝制的，那时的许广

民宅故居

平还是鲁迅的学生，她对鲁迅的爱还带着对老师的敬仰和懵懂的青涩。

鲁迅和许广平真正开始相恋是在 1925 年 10 月的一天。鲁迅坐在书桌前的藤椅上，许广平则坐在鲁迅那张简易木板拼凑出的小床上，已经四十四岁的鲁迅望着年轻的许广平，一言不发，结果二十七岁的许广平带着谨慎又坚定的心握住了鲁迅的手，鲁迅在这个大胆的动作中释然，同时也回报许广平温柔的紧握，在许广平羞涩的笑声中，鲁迅说道："你战胜了！"这句话对许广平来说是莫大的鼓励，也意味着二人的恋爱正式开始。鲁迅在大夫人朱安那里没有得到的爱情，在许广平这里得到了。第二天，鲁迅先生唯一反映青年男女爱情的小说《伤逝》诞生了，这应该可以算作是鲁迅先生为这个小自己十七岁的女子作的"点赞之作"。

鲁迅和许广平的惊世忘年恋就是在"老虎尾巴"这个颇具纪念意义的房屋里开始的。

为什么鲁迅四弟的画像酷似鲁迅

我们都知道鲁迅并不是只有两个弟弟，他的四弟周椿寿在六岁时因为发烧感染肺炎早逝了。在母亲住的北屋东房里就挂着一幅椿寿的画像，可奇怪的是，这画像身子是几岁小孩子的样子，脸却活脱脱的是鲁迅年轻时的模样，这是为什么呢？

周椿寿是鲁迅的母亲（鲁瑞）最小的儿子，鲁瑞一直很宠爱中年生下的小儿子，椿寿也是生得活泼惹人爱，只可惜，他在六岁那年发了一场高烧，因而感染肺炎，不幸早逝了。这对鲁瑞来说无疑是个晴天霹雳，在她有生之年，一直都很想念这个过早离开自己的小儿子。

鲁迅知道母亲的痛苦，况且自己也十分喜爱这个小兄弟，为了安慰母亲，鲁迅专门请老家绍兴著名的画家叶雨香为四弟椿寿画像，可是人都已经不在了，怎样让画家凭空画出一幅画像呢？望着母亲一筹莫展的眉目，鲁迅突然灵机一动，转身对叶雨香说："就照着我的样子画吧！"所以这幅作品完成后才是鲁迅的脸，小孩的身子。

但是母亲的心总算得到了安慰，不仅仅是这幅画，更是因为鲁迅的孝心。据说这幅画鲁瑞一直挂在身边长达四十多年。

一幅画，承载的不仅仅是这位隐忍的母亲对小儿子的思念，也饱含对大儿子的疼爱。

民宅故居

末代皇后的娘家——婉容故居

一所位于北京帽儿胡同的老宅竟然是末代皇后的"后邸"？一个没有享受过皇后权力的末代皇后在这里出生？末代皇后的"娘家"竟如此不起眼？带着这些不可思议，让我们一起走进这所"娘娘府"一探究竟。

婉容故居为什么被老百姓称为"娘娘府"

婉容故居位于北京东城区鼓楼南帽儿胡同，婉容故居并没有想象中的奢侈华丽，旧居由东西两路构成，东路是一座生机勃勃的私家园林，三进的院子，家祠、房屋俱全。西路是居住的地方，有四进的院子，而这里的正房就是婉容的住所了。

说到婉容，可能很多人都很陌生，但是提到末代皇帝爱新觉罗·溥仪，大家都很熟悉。婉容，全名郭布罗·婉容，是溥仪的末代皇后。

这样看来，婉容故居被老百姓称为"娘娘府"也在情理之中。

郭布罗·婉容，字慕鸿，号植莲，满洲正白旗。她的名字"婉容"以及字"慕鸿"都来自《洛神赋》："翩若惊鸿，婉若游龙。"

婉容的一生可以说是极具传奇色彩的，她是一个温婉、清新脱俗的女子，由于接受过西式教育，所以也注定她不会像往代的皇后一样恪守封建礼教。她虽没有真正实行过皇后的权力，但她一直有一颗善良

的心，她常常尽己所能地赈灾捐款，1923 年 12 月，婉容向北京"临时窝窝头会"捐赠了六百大洋，用来帮助灾民，受到了社会各界的褒扬；1931 年，全国十六个省份发生大水灾，在这次罕见的大灾难中，婉容捐出了她以两千五百多大洋买来的心爱的珍珠项链，还有一些零碎的大洋。若不是因为生不逢时，婉容恐怕也是一位爱民如子的好皇后吧。

婉容的一生也可以说是悲惨的，她嫁给溥仪后没有享过一天皇后的权力，只是空有一个末代皇后的虚号。在入宫之前，婉容是贵族中闻名遐迩的小姐，她容貌姣好、端庄秀美、性格活泼、气势不凡且琴棋书画无所不通。从踏进紫禁城的那一刻起，就预示着她不幸人生的开始。时代的动荡再加上溥仪对她的日渐冷落，这个原本温婉的女子竟染上了大烟，直至把身体都抽垮了，最后病死在冰冷的延吉监狱，去世时年仅四十岁。

这位身世可怜的末代皇后，就这样香消玉殒。她死后，甚至连尸骨也没留住，可谓是极其悲惨的，只留下这所她早年居住的"娘娘府"供人纪念。

婉容是否对末代皇帝溥仪不忠

婉容，这所娘娘府里曾经温婉、多才多艺的女子早已成为政治牺牲品，不复存在了。这位昔日的皇后生前有许多不好的传闻，就连溥仪也在《我的前半生》中写道："只知道她后来染上了吸毒的嗜好，并不知道还有了我不能容忍的行为。"到底是怎样的行为，是这位末代皇帝所不能容忍的？

按照溥仪在《我的前半生》中的说法，自从淑妃文绣因为溥仪的冷落和宫中的不公平待遇和溥仪大闹离婚后，溥仪便渐渐对婉容产生反感，认为这些奇耻大辱都是婉容造成的。而婉容因为溥仪长时间的冷

民宅故居

落，就发生了私通的行为，甚至怀孕，溥仪羞愧难当，但婉容无论如何也不供出私通之人，溥仪查不到证据，只好处置了两个自己怀疑的随身侍卫。

还有人说，婉容其实是受到了她哥哥的唆使，才有了抽鸦片和与人私通的问题，而且在一次婉容离津前往大连的途中，她的哥哥早就为了自己的利益把婉容卖给了一个同行的日本军官。

至于婉容产下的孩子，溥仪是这样说的，那日婉容诞下一名女婴，不料这个女婴出生不到半小时就夭折了，于是溥仪命人把孩子扔了，但婉容对这件事毫不知情，她一直以为孩子由宫外的哥哥抚养着，每个月还寄去抚养费。

婉容犯下如此大错，溥仪当然咽不下这口气，要和婉容离婚，废去她"皇后"的称号，只是这位傀儡皇帝的要求被日本人拒绝了，所以就把婉容打进冷宫，导致婉容受刺激整日疯疯癫癫的。

婉容是不幸的，一朝选在君王侧，从此走向不归途。她的悲哀折射出的是那个时代的悲哀，她的命运便是封建王朝必然衰败的缩影。

婉容成为皇后是因为儿时的玩笑话吗

末代皇后婉容儿时并不是争权夺利之人，在"娘娘府"生活的十七年里，她也像普通人家的女孩一样，热爱生活，渴望拥有一段刻骨铭心的爱情，可谁料到，只是溥仪在选后名册上草草的一笔，就改变了她一生的命运。

郭罗布·婉容的弟弟郭布罗·润麒对这个嫁入"豪门"的姐姐印象还只停留在温柔、不爱发脾气。据他回忆：姐姐是个脾气极好的人，自己小的时候常常调皮捣蛋，但姐姐对自己一直是容忍的，甚至有一次，自己淘气，把姐姐的闺房弄得乱七八糟，姐姐也没有对自己发脾气，只是轻言相劝了几句便放过他了。

看得出来，润麒是很喜欢这个姐姐的，在婉容去世很多年后，润麒来到了他们共同生活过的小院，站在婉容故居这棵历经百年之久的枣树下，往日的回忆一点点涌上心头，润麒不厌其烦地和身边的朋友讲起姐姐婉容小时候的事情。

当时，民间很流行一种叫"丢针儿"的游戏，每年牛郎织女相会的日子，也就是现在的七夕，在当时是很受闺阁女孩欢迎的节日，每逢那日，闺中好友便聚在一处玩起"丢针儿"的游戏。"丢针儿"其实就是端一盆清水，放在阳光下暴晒一会儿，再把各人精挑细选得来的松针放在水面上，以针尖停住的方向，判断出每个人的巧拙凶吉。

有一年，婉容和自己的几个小姐妹聚在家中的院子里玩"丢针儿"的游戏，婉容的松针在水里转啊转，最后指向了正南方，那可是紫禁城的方位，几个小姐妹无不羡慕地说，婉容将来一定是大富大贵之人，说不定还会成为宫里的娘娘。

可婉容当时只是一心想和自己的家人永远在这个小院里幸福地生活下去，压根没有把富贵吉祥的说法放在心上。

没想到，这几个小姐妹的玩笑话竟一语成谶，婉容最后真的成了末代皇帝溥仪的皇后。

五四运动的策源地
——蔡元培故居

　　纵观蔡元培的一生，他是革命家、政治家，更是一名优秀的教育家。身兼多职，又是北大校长的蔡元培，竟然住在租来的宅子里。可别小看这所租来的宅子，它非同寻常，北大改革教育的方案在这里萌发，五四运动也在这里策源。

蔡元培的住宅是租来的吗

　　北京的蔡元培故居坐落在东城区东堂子胡同 75 号。蔡元培在 1917 年至 1920 年在此居住。蔡元培故居是东西各三进式的四合院格局，建筑面积共三百多平方米。蔡元培一生漂泊不定，没有固定的居所，仅在北京就曾搬了三四次家，然而最具历史意义的一处居所，便是这所位于东堂子胡同、他租来的宅子了。这所老宅既见证了蔡元培改革北大时的春风得意，也历经了他被迫离职的无奈叹息。

　　蔡元培，浙江绍兴人，著名的革命家、教育家、政治家。国民党中央执委、国民政府委员兼监察院院长、中华民国首任教育总长，1916 年到 1927 年任北京大学校长，革新北大开"学术"与"自由"之风。

这位历史上有名的北大校长，住在一个租来的旧宅里，实在让人咋舌。

对于这个情况，蔡元培的儿子蔡怀新是这样解释的：蔡元培在任北大校长期间，收入颇丰，但随之开销也很大。平时工资不仅要用来购买他需用的书籍，还要拿出一部分支持公益事业和接济亲友。

况且蔡元培一生确实也是四海为家，没有固定安家之地，所以他的亲属也总是跟着他到处搬迁，这也是蔡元培不购买宅子而租宅居用的原因。

蔡元培在全国各地住过很多宅子，没有一处是属于他自己的，都是租来的，这所东堂子胡同的宅子也是如此。

为什么说蔡元培故居是五四运动的策源地

五四运动是一场伟大的群众爱国运动，是一场深刻的思想解放运动，揭开了中国新民主主义革命的序幕，是中国新民主主义革命的开端。

五四运动和蔡元培故居是分不开的，甚至可以说蔡元培故居是五四运动的策源地。1919 年，中国在巴黎和会的外交失败，引发了五四运动。

这一年，时任政府拟议签订《巴黎和约》的消息泄露，蔡元培得知这个消息后十分震惊，他意识到，这个时候指望政府是没有希望了，所以就把希望放在了爱国学生的身上。蔡元培立刻召集了罗家伦、傅斯年等一部分学生代表到自己家中，召开形式讨论会议，并且和王宠惠、叶景莘联名致电中国使团首席代表陆征祥，劝告他不要在合约上签字。与此同时，其他高校的学生代表也召开了紧急会议，商讨采取抵制措施。5 月 3 日晚上，北大学生代表召集全体师生，开了学生大会，一致决定

民宅故居

在第二天进行游行示威。这次学生大会蔡元培是默许的，大会结束后，他还特地交代学生代表，在行动时一定要保持秩序，不要给政府留下干涉政务的把柄。

有了蔡元培的鼓励，这些热血的学生更是对第二天的行动充满信心。当天晚上，蔡元培几乎一夜未眠，积极调动各方力量以支持次日的行动，那晚蔡元培家中人流如梭，恐怕是东堂子胡同最热闹的一夜了。

第二天的行动如期进行，政府方面致电蔡元培，要求他召回北大学生，蔡元培淡淡地回了一句："学生如此爱国，我实在不忍制止他们。"当天被逮捕的学生中，有一大半都是北大的学生，蔡元培不顾自己的头衔，竭力营救被捕学生，学生被释后，这位鞠躬尽瘁的北大校长也只能怀着深深的无奈和叹惋辞职离去。

在蔡元培发布的《不愿再任北京大学校长的宣言》中说："我绝对不能再做不自由的大学校长：思想自由，是世界大学的通例。"蔡元培对北大的贡献是极大的，被毛泽东誉为"学界泰斗，人世楷模"。

蔡元培是北大首开女禁的校长吗

蔡元培在清末民初曾先后留学德国和法国，他亲身体验了国外大学的教育理念，可以说，这位北大史上不平凡的校长是开明的。

蔡元培是在 1916 年底出任北京大学校长的，第二年，他开始大刀阔斧地改造这所曾经的京师大学堂，各项有力的举措相继出炉，使得这所旧式学堂开始向世界级的新型大学迈进。1920 年初，蔡元培又在学界炸开一枚响雷：开放北大女禁！

这个大胆的举措，其实在开始时是极为不容易的，"男尊女卑"的思想依然根深蒂固，虽然有许多进步人士是支持男女平等的，但在大多数人的眼中，女子和男子在同一所学校上学还是不合规矩的。

鉴于社会舆论的威力，蔡元培想出了先于舆论制造舆论的办法。随后他在北京青年会作了《贫儿院与贫儿教育的关系》的讲演，他激昂地讲道："外国的小学与大学，没有不是男女同校的，美国的中学也是大多数男女同校。我们现在国民小学外，还没有这种组织……我们还能严守从前男女的界限，逆这世界大潮流吗？"这段著名的演讲，一经发出便在社会上广为流传，受到了众多青年学生，尤其是女性知识分子的追捧。

甘肃女子师范学校的学生邓春兰阅读了蔡元培的演讲稿后，深受其思想的鼓舞，在当年5月中旬写了《春兰上蔡校长书》，信中写道："今阅贵校日刊，知先生在贫儿院演说，主张男女平等。我辈欲要求于国立大学增女生席，不于此时更待何时？春兰愿为全国女子开一先例，如蒙允准，即负笈来京，联络同志，正式呈请。"

但由于当时五四运动的风波以及蔡元培的离职事件，这封信并没有及时送达蔡元培手中。直到蔡元培九月回北大复职后，才看到这封"大胆"的信件，并于当年年底复函，表示自己完全赞同男女同校。

据资料记载，北京大学第一个女学生是江苏无锡人王兰，自从蔡元培在北京大学首开女禁之后，全国各地便竞相效仿。

当得知蔡元培准备开女禁的消息后，多方人士阻拦劝诫，甚至连他身边的老师都劝其先向教育部上报核准，以免招来祸端。蔡元培理直气壮地反驳劝阻他的人："教育部的大学令，并没有专收男生的规定，从前女生不来要求，所以没有女生，现在女生来要求，而程度又够得上，大学就没有拒绝的理！"一席话震得大家哑口无言。

在蔡元培的坚持和努力下，北大终于为女生敞开了校门，从此蔚然成风，仅1920年就录取了九名女生。

民宅故居

蔡元培怎么成了"辞职专家"

身为北大校长的蔡元培，一生竟辞职二十四次！蔡元培任职北大校长共十年，其间他也曾辞职七次，堂堂"北大之父"为何如此"任性"呢？我们来看看蔡元培在北大的辞职表：

1917年1月4日，蔡元培始任北京大学校长一职。1917年7月3日，刚入职半年的蔡元为了抗议张勋复辟，当下就向黎元洪递交了辞呈。还好张勋复辟的闹剧没多久就结束了，蔡元培于当月就回到了北大。这是蔡元培在北大的首次辞职。

1918年5月16日，段祺瑞政府同日本军方签订了《中日陆军共同防敌军事协定》，为了抗议政府的卖国行为，蔡元培于5月21日提出辞呈。这是蔡元培第二次辞去北大校长的职务。

1919年五四运动爆发后，北大学子在蔡元培的支持下，到天安门广场举行游行示威的活动，抗议政府割让青岛的行径，结果有二十多个学生被捕，蔡元培多方营救，学生终于被放出，蔡元培引咎辞职。后来在校内校外的多方挽留下，蔡元培辞职未成，在同年九月再次入职。这是蔡元培的第三次辞职。

1919年12月31日，北大的教职员工表示不信任教育部，纷纷辞职停课，蔡元培作为北大的校长，也是其中的一员。这是蔡元培第四次辞去北大校长职务。

1922年10月19日，蔡元培第五次辞去北大校长的职务，缘于当时北大少数学生反对讲义收费，从而在北大掀起了讲义风潮，蔡元培很生气，甚至对学生说："我和你们斗！我是从手枪炸弹中历练出来的，你们如有枪炸弹，尽不妨拿出来对付我。"这是蔡元培辞职得最坚决的一次，是学生伤了他的心了。最后，还是由胡适出面才调停解决。

1923 年 1 月 17 日，蔡元培第六次愤而辞职，缘于罗文干案。当时曾在北大任职的罗文干被人诬告贪污受贿，锒铛入狱，后来因为司法机关查不出证据，便宣布罗文干无罪释放，但因为新任的教育总长彭允彝在内阁会议上的提议，罗文干再次被捕。这让蔡元培十分愤怒，为了抗议教育总长彭允彝非法插手罗文干案，他再次离职。

1926 年 6 月 28 日，蔡元培第七次辞去北大校长的职位，不出所料，仍然没有得到批准，但是蔡元培再也没有回到北大。第二年张作霖改北京大学为京师大学校，蔡元培的校长职务才彻底被取消。

蔡元培的辞职风波可谓一波三折，在这所东堂子胡同不大的宅子里，不知道蔡元培是怀着怎样复杂的心情一次次做下辞职的决定的。

民宅故居

四合院里有乾坤——郭沫若故居

郭沫若的一生涉猎多个领域，他身披文学家、诗人、剧作家等近十个名誉称号，尤其在新诗的发展上贡献卓越。这位大文豪一生中的最后十五年是在这所什刹海前海西岸的宅子里度过的。

郭沫若故居曾是恭亲王的马厩

北京的郭沫若故居，位于北京市西城区前海西街 18 号，濒临什刹海和北海公园静心斋，占地面积七千平方米。住在这里的郭沫若先生是四川乐山人，是著名的文学家、诗人、剧作家、翻译家和社会活动家。

郭沫若故居原本是恭亲王的马厩，以前是北京城的大户人家专门为养马设计的安置场所，百姓称之为"马号"。根据主人家的等级爵位的不同，马厩的建筑规模也有所不同。

后来随着交通运输行业的日渐发展，机动车代替了旧式的马车，所以这些大户人家的马厩大多改为宅院。

恭亲王府的马厩就位于前海西街 18 号、千竿胡同 3 号、三座桥胡同 21 号，占地面积很大。民国初年，社会动荡不安，许多王朝后人都把府邸卖出补贴家用，恭亲王府也不例外。恭亲王的后人把马厩卖给了北京达仁堂"乐家老铺"，乐家为方便自己使用，就把马厩改造为房舍的模样，后经多次易主，于 1963 年由郭沫若先生居住，在 1978 年郭沫

若先生去世后，把这里改为纪念馆。现在我们看到的郭沫若故居其实只是恭亲王府马厩的其中一部分。

根据档案记载，这个戒备森严的恭王府马厩曾经还发生了一次大火。

本来这里就堆放大量草料，应当是防火的重点区域，但马夫取草时没有遵守规矩，导致马厩失火。据中国第一历史档案馆馆藏文件记载："本月二十六日午后八时余，地安门外什刹海西河沿恭王府马圈内不戒于火，本队闻警当即齐队驰往，到场时火势方炽遂督饬长兵奋力扑救，历一时余，火势熄灭，仅烧房屋五间，并未延及他处。"

所幸救火及时，才有了后来的郭沫若故居。在这个曾经身为马厩的宅子里，郭沫若度过了他一生中的最后十五年。

郭沫若故居里流传下来的木匣为何叫"沧海遗粟"

在郭沫若故居四合院西厢房有一只珍贵的木匣，是一个样式简单、没有油漆的日式木匣，表面由于老化作用，已经变成棕灰色，上面用楷体题着四个字"沧海遗粟"。

这个看似毫不起眼的木匣被称为镇馆之宝，里面装九本甲骨文著述手稿，是郭沫若留学日本期间学术研究的精华。

要写出这些著作并不简单，为了保证文献的可靠真实性，他费尽千辛万苦寻找第一手资料，即从未被加工编撰过的、可以充分解释甲骨文和金文的资料，在艰苦的条件下，他艰难地完成了这些甲骨金文研究著作。

1937年，全面抗战爆发，郭沫若秘密回国，为了避开日本宪兵的注意，他离开时只带了一支随身的钢笔，大量珍贵的手稿就留在了日本，存放在这只木匣里。

民宅故居

直到 1957 年春，这只存放手稿的木匣才被郭沫若的友人送回中国。这些珍贵的手稿能完好无损地保留下来，郭安娜功不可没，当时日本官员及国民党政府出高价要收购这些手稿，郭安娜即使在穷困潦倒几乎活不下去的日子，她都没有同意。1947 年，郭安娜到中国后，周恩来亲自接见了她，她把部分重要手稿交给了周恩来，周总理问她是否需要酬金，郭安娜摇摇头说："不要，这是无法用金钱计算的。"

后来，剩下的手稿经郭沫若友人之手全部回到中国，这些珍贵的手稿得以存留，郭沫若为此感慨良多，大笔一挥，题下"沧海遗粟"四个大字，意寓从"沧海"中寻回的"遗粟"，是失而复得的珍宝，并在旁边写下几行小字记述了木匣寻回的经历。

郭沫若故居的银杏树为何叫"妈妈树"

银杏树是一种生长极慢的树种，但是寿命极长，正常情况下，银杏树从栽种到结果要耗费二十多年，而其大量结果也要四十年之久，有"公种而孙得"的说法，因此又被叫作"公孙树"，它是树种中的老寿星，具有观赏、经济和药用价值。

郭沫若先生生前极爱银杏树，因此在郭沫若故居种着一大片郁郁葱葱的银杏树，到了秋天，整个院子金灿灿的，好看极了。其中有一棵是郭沫若亲手种的银杏树，是他最喜欢的"妈妈树"。为什么叫"妈妈树"呢？这其中还有一个不寻常的小故事。

那是一个春天，郭沫若的夫人于立群得了重病要到外地治疗，在夫人离开的第二天，郭沫若移植了一棵银杏树种在当时居住的宅子中，郭沫若给这棵树起名"妈妈树"，意寓孩子们离不开妈妈，寄托了他希望夫人早日康复回到孩子们身边的愿望。后来，郭沫若一家搬到这所位于北京什刹海前海西岸的宅子，对银杏树感情极深的郭老便把这株银杏树一并移植过来，后院正房中间三间为郭沫若夫人于立群的画室和卧室，也被孩子们叫作"妈妈屋"，据说，郭老经常和妻子于立群坐在"妈妈树"下切磋书法。

最惊异的是，这棵"妈妈树"颇具灵性。在郭沫若先生去世的第二年，饱受病魔折磨的夫人于立群也随之而去。过了一年，一向生命力旺盛的"妈妈树"开始整片整片地掉树皮，似乎是知道了自己的两位主人都离开了它，要追随而去，"妈妈树"大病了一场，几近枯槁，后来竟又渐渐恢复生命力。本以为劫难就此打住，没想到十年后，"妈妈树"又在一场暴风雨中被风刮断大半主干，在人们都以为它活不长的时候，它又奇迹般地存活下来，大概是因为在它的树下有郭老先生的青铜像，"妈妈树"才得以顽强生长。

我们常说"植物本是有情物"，大概在"妈妈树"身上能够得到完美呈现吧。

民宅故居

半部梅宅半部史
——梅兰芳故居

在这所位于北京市西城区护国寺街的安静的宅院里，一代京剧大师梅兰芳先生度过了他人生的最后十年。这十年里，梅兰芳在这所宅子里接待过众多的各国艺术界名流和政要外宾。当时的梅宅，可谓是"谈笑有鸿儒，往来无白丁"。据说，当时外宾游北京有三大项目：登长城，观颐和园，访梅宅。

北京是不是有两座梅兰芳故居

梅兰芳祖籍是江苏泰州，但他却生长于北京，盛极于北京。梅兰芳故居位于北京市西城区护国寺街 9 号，但有人说，红星胡同 61 号，也就是旧时的无量大人胡同 24 号也是梅兰芳先生的故居，为什么呢？难道说梅兰芳在北京有两所故居？

红星胡同属东城区建国门地区，是东单北大街路东从南往北数的第七条胡同。胡同原本有七百多米长，因为胡同里有一座无量庵，所以称为无量大人胡同，后整改地名时改为红星胡同。

梅兰芳买下红星胡同的宅子完全是为了让祖母陈太夫人能够舒服地颐养天年。梅兰芳四岁丧父，十五岁又失去了母亲。自幼失去双亲，日子当然过得十分艰苦，全凭祖母陈太夫人的悉心照料，梅兰芳才能健康成长。梅兰芳知恩图报，为年迈的祖母买下了这间房产。

据档案记载，这间房产是一间三进式的宅院，占地面积一千多平方米，房屋九十几间，院子与厅堂游廊相连，可以看出这是一间颇为气派的宅子。

梅兰芳的儿媳妇屠珍曾在《京城艺术沙龙——无量大人胡同 24 号》中写道："无量大人胡同内梅先生的客厅缀玉轩成为人文荟萃的地方，真可说是京城一处'艺术沙龙'。梅先生的文学修养和历史知识，就是在众多友人谈文论艺、臧否人物、上下古今、无所不及的氛围中，得到了熏陶和提高。"

当时的梅兰芳已经是闻名中外的京剧表演艺术家了，他在这里接待过印度著名诗人泰戈尔、美国演员道格拉斯·范朋克、意大利女歌唱家嘉丽·古契、日本演员守田勘弥以及当时的瑞典王储古斯塔夫六世夫妇和美国总统威尔逊的夫人等众多国际名流。

可惜的是，1943 年，梅兰芳先生迫于生计将这所宅子卖出，后经波折，这处故居早已不复存在，所以只留下西城区护国寺大街的这所故居。

梅兰芳故居中"蓄须明志"的照片有何意义

在北京的梅兰芳故居存放着一张梅兰芳先生"蓄须明志"的照片，在这个照片背后，还隐藏着一个爱国名角梅兰芳先生与日本人斗智斗勇的故事。

1937 年，抗日战争全面爆发，8 月，日军入侵上海，淞沪战争一触即发。日本军队占领上海后，听说闻名中外的京剧名角梅兰芳现居上海，便派人到梅宅请梅兰芳去电台接受采访和讲话，意图让梅兰芳为日

本的"皇道乐土"演出服务。梅兰芳识破了日本人的诡计，便和夫人商定尽快离开上海，先到香港避难，以此摆脱日本人的纠缠。他一边托人给日本官兵带口信，说自己要到外地演出，一边连夜携一家老小离沪赴港。

到了香港，梅兰芳便整日待在家中，不轻易抛头露面。但每日闷在家里的时间太长，为了打发时光，他开始练习羽毛球、学习英语，还花费大量的精力用来画画。他有时候画飞鸟、草虫、游鱼和虾，有时也画佛像，最喜欢画外国人的舞姿，平时就拿出这些画作逗家人和团员开心。

1941 年冬，日军侵占香港，梅兰芳在家坐立不安，他担心日本人又来找他演戏。他和妻子商量对策，最终作出决定——蓄胡须，并发出声明罢歌罢舞，坚决不为日本人和汉奸演出。他还对友人说："别瞧我这一撮胡子，将来可有用处。日本人要是蛮不讲理，硬要我出来唱戏，那么，坐牢或者杀头，也只好由他了。"

一个月后，香港的日本驻军司令酒井遇到梅兰芳，看到梅兰芳留蓄的胡子，惊异极了："梅先生，你怎么蓄起胡子了，像你这样杰出的大艺术家，就这样退出艺术舞台，岂不可惜？"梅兰芳巧妙地回答说："我只是个唱旦角的，现在年纪大了，扮相也不如从前好看了，嗓子也吊不起来，已经不能再演出了。这些年，我赋闲在家，准备颐养天年了。"酒井听后，感到十分不悦，无奈之下，只得气冲冲地走了。过了一段时间，不死心的酒井又派人找到梅兰芳，命令他必须登台演出，以庆祝日本在香港的统治。刚巧，这几日梅兰芳患上了严重的牙病，疼得吃不下饭，脸都肿了半边，酒井知道后，却也没有办法，只得放弃。梅兰芳知道香港也不宜久留，又携家坐船返回阔别三年的上海。

梅兰芳大师非常热爱自己的事业，但是在侵略者面前，他宁肯放弃自己心爱的事业穷困一生，也不给日本人演出，足见其爱国之心。

一个演员正在表演力巅峰时期，因为抵抗恶劣的社会环境，而蓄须谢绝舞台演出，连嗓子都不敢吊，这种痛苦是无法用语言来形容的。

梅兰芳故居为何有齐白石的书画

梅兰芳在京剧艺术上的高超造诣是大家都熟知的，但很少有人知道梅兰芳还画得一手好画。这些都归功于中国绘画大师齐白石，梅兰芳一直敬仰齐白石的画作，便托熟人向齐白石提出要拜他为师。从此齐梅二人建立了深厚的师生友情，梅兰芳尊称齐白石为"老师"。

后来有一天，二人同被邀请去参加一位大官的家宴，赴宴当天，齐白石先生不小心弄丢了邀请帖。生性节俭的齐白石像往常一样穿着深褐色的布袍，虽然洗得干净整洁，但毕竟已有些年头了，因而有些发白陈旧。这样的打扮装束在一屋子的达官贵人中间，确实太过普通。再加上他刚弄丢了帖子又没有望见相熟之人，所以只好独自坐在屋子的一角。偏偏大官的一个门生有眼不识泰山，走上前来多盘问了几句。齐白石颜面尽失，心里后悔着不该来此。

这时梅兰芳进来了，他看到了齐白石的窘状，连忙暂别众人，快步走到这位孤零零的老人身边，恭恭敬敬地唤道："老师。"然后，在众目睽睽之下亲自搀扶齐白石，走上前排。大家立刻窃窃私语，甚至还有不识相的人问道："这个老头是谁？"本以为梅兰芳一定面子上挂不住了，不料，梅兰芳将头一仰，很自豪地回答道："这是著名画家齐白石先生，也是我的老师。"

梅兰芳在关键时刻为齐白石挣回了面子，因此他对梅兰芳十分感激。回家后，他马上着手画了一幅《雪中送炭图》，并在一旁赋了一首小诗送给梅兰芳。诗中写着："曾见先朝享太平，布衣蔬食动公卿。而今沦落长安市，幸有梅郎识姓名。"

梅兰芳收到《雪中送炭图》，看着老师写给自己的诗，感慨良多。便又回给齐白石一首诗："师传画艺情谊深，学生怎能忘师恩。世态炎

民宅故居

凉虽如此，吾敬我师是本分。"

一日为师终身为父，这两代大师的师生情，的确感人至深。

梅兰芳故居是四大名旦的故居中保存最完好的

"四大名旦"这个称号第一次面世是由沙大风于 1921 年在天津《大风报》创刊上首次提出的。后来，在北京《顺天时报》举办评选"首届京剧旦角最佳演员"活动中，梅兰芳、程砚秋、尚小云、荀慧生在活动中崭露头角，被誉为京剧"四大名旦"。

四大名旦果然名不虚传，没有辜负广大戏民的期望，他们四人在艺术上各成一家、独树一帜，特别是梅兰芳的《霸王别姬》、尚小云的《汉明妃》、程砚秋的《窦娥冤》、荀慧生的《杜十娘》已经深入寻常百姓家。

但是，他们故居的情况却不容乐观。

位于北京市西城区西四北三条的程砚秋故居，是座坐北朝南的两进院落。他逝世前的二十年间一直居住于此，他是四大名旦中年纪最轻但也逝世最早的一个，程家人为了保护宅子，便向有关部门提出把房子交给国家，相关部门还在门口张贴告示说明这处宅子归国家所有，避免了一场打砸抢劫。但是在那个动荡的年代，单凭一张告示怎么可能完全免灾，据说，后来这里成了查抄办，每日人来人往，虽然避免了大的破坏行为，但也闹得够呛。程砚秋故居是历史的见证，承载着文化的灵魂。

荀慧生最早住在南半截胡同，后来移居。现今被作为故居的山西街，是他从 1957 年开始居住的地方。故居是典型的平房格局，院中房间宽阔数量有余，院子西侧带有一个小花园，邻廊相连，还有书房和卧室，院子里有假山，有树木名卉。荀慧生生前喜欢种树，亲自在庭院花园中种植了梨、柿、枣、杏、李子、山楂、苹果、海棠等四五十株果树，事事亲力亲为。2012 年，荀的后人还曾公开寻找买家出售，但要求是改修必须遵循文物保护条例、最好建成纪念馆等。今天的山西街还在，但已没有胡同的感觉，荀慧生故居是保留下来的极少传统建筑之一。

尚小云故居位于山西街北面，离荀慧生的故居不远。1950 年，尚小云把房子卖给了国家，全家迁往西单附近居住。但因为后来的城市建设，故居已消失不见。

只有位于护国寺大街的梅兰芳故居还保存完整，梅兰芳逝世后，周恩来总理提议建立梅兰芳纪念馆。1986 年 10 月，梅兰芳纪念馆对外开放，朱漆的大门上，悬挂着邓小平亲笔书写的匾额"梅兰芳纪念馆"。

民宅故居

"百万家"的住宅——北京四合院

北京城里保留了很多以前的街道和建筑，其中四合院是北京最常见、最有特色的一种建筑。汪曾祺为什么把北京四合院比作中国盒子？四合院为什么会成为老北京人最喜欢的居住民宅？四合院和大宅门又有什么关系呢？难道是因为北京四合院的文化内涵丰富，全面体现了中国封建家庭秩序和中国传统的为人处世哲学？

四合院为什么会成为老北京的典型民宅

四合院是老北京的传统民居形式。辽代时已初成规模，后经金、元，至明、清，逐渐完善，最终成为北京最有特点的居住形式。现在北京的四合院已经和北京胡同一起，成为北京传统文化和民俗的代表以及北京城市的城市名片之一。因此，可以说四合院积淀了几百年来深厚的北京文化。从空中俯瞰北京城，可以看到一片灰瓦的房屋围着一个四方的院子，院子里绿葱葱的树木给灰色的房屋做点缀，也给四合院里的人们提供了树荫。

之所以叫"四合院"，是因为这种民居有正房（北房）、倒座（南座）、东厢房和西厢房。四座房屋把四面围合起来，而且正房、厢房、倒座等所有房屋都是一层，没有楼房，连接这些房屋的只是转角处的游廊，形成一个口字形，里面是一个中心庭院，这样，北京四合院从空中鸟瞰，就像是四座小盒子围合一个院落。

四合院在中国有相当悠久的历史，根据现有的文物资料分析，早在两千多年前就有四合院形式的建筑出现。

在历史发展过程中，中国人特别喜爱四合院这种建筑形式，不仅宫殿、庙宇、官府使用四合院，而且各地的民居也广泛地使用四合院。不过，只要人们一提到四合院，便自然会想到北京的四合院，这是为什么呢？

北京四合院虽然为居住建筑，但也蕴含着深刻的文化内涵，是传统文化的载体。它的房屋建造也是极讲究布局的，从选择地址、定位到确定每幢建筑的具体尺度，都有一定的规矩。北京的四合院，天下闻名。旧时的北京，除了紫禁城、皇家苑囿、寺观庙坛及王府衙署外，大量的建筑便是数不清的民居四合院。

北京最大的四合院是哪一座

说起北京城里最大的四合院，可以说是无人不知，无人不晓，那就是大名鼎鼎的故宫，故宫位于北京市中心，也称紫禁城，现为故宫博物院。那么，其设计布局与普通的民居四合院有什么区别？故宫在世界建筑史上有何重要的地位？

故宫其实就是由众多四合院组成的超大型四合院，如果我们称普通的四合院为北京居住建筑典范的话，那么故宫可以称得上是四合院中最壮观最豪华的四合院，比一般四合院的建筑更加宏伟高大，装饰更加精巧别致，规划更加严整规范，故宫里的四合院等级更加分明，人与人的关系更加复杂，故宫可以说是四合院文化、封建王朝等级文化与中国传统思想文化精髓的完美结合。

在这里曾居住过二十四个皇帝，是明清两朝的皇宫，虽然经历

民宅故居

了六百多个春秋，却依然是无与伦比的古代建筑杰作。作为世界现存最大、最完整的木质结构的古建筑群，故宫被誉为世界五大宫殿之一（中国故宫、法国凡尔赛宫、英国白金汉宫、美国白宫、俄罗斯克里姆林宫），并被联合国教科文组织世界遗产委员会列为"世界文化遗产"。

故宫文化从某些意义来上说是经典文化，经典具有权威性、不朽性、传统性。故宫文化具有独特性、丰富性、整体性以及象征性的特点。同时，它与今天的文化建设是相连的，对任何一个民族、任何一个国家来说，经典文化永远都是其生命的依托、精神的支撑和创新的源泉，都是其得以存续和蔓延的筋络与血脉。故宫标志着我国悠久的文化传统，显示着六百多年前匠师们在建筑上的卓越成就。

老北京的大宅门是怎么回事

看过电视剧《大宅门》的人都会对电视剧里微妙的人物关系、曲折感人的故事情节留下深刻的印象。可是，您了解大宅门的历史来源以及所蕴含的独特文化吗？

在旧时的北京城里，人分为三等：最高的一等，是城里的皇亲国戚和达官显贵；二等是由退休官员、书香门第以及富商组成的"富人群体"；最后一个等级，是由平民、贫民和贱民组成的"百姓群体"。那么，自然北京城里的住宅也分为三等，第一个等级的人们住的地方称为"府"，第二个等级的人们住的地方叫作"宅"，第三个等级的人们住的地方因为有很多户人家居住，所以被称作"杂院"。

其中，"宅"也分档次，最高档次的"宅"，有几进几套院子，住的是一个大的家族，无论是从面积、房间还是人口，都可以称得上一个"大"字，因此人们把它称为"大宅门"；中档次的"宅"，一般是供一

个家庭居住的一个院落，所以一般称作"独门独院"；最低档次的"宅"是不能称之为"宅"的，因为这个宅里只有后半部分是住宅，而前半部分则是店铺，所以称为"铺面"。

"府"和"大宅门"除在政治地位上有所差别外，它们的经济地位、生活方式都很接近，因此老百姓就把它们合并为一类，通称"大宅门"。

"大宅门"在全国各地的大城市都有少许分布，但是数量很少，只有在北京这个皇城里，它才能够不仅仅只是一处居住院落，而是代表了一个社会的阶层和群体。

"大门不出，二门不迈"是指四合院的哪两个门

"大门不出，二门不迈"，这句常用的俗语是从北京的四合院里流传出来的，特别是独门独户人家居住的二进、三进四合院，住的基本都是有头有脸儿的人家，或者说是有身份的人家。说的是旧时女子要遵守家规，不得随便出门。其实在这里只是用了夸张的手法来描写以前女子的保守：只有到了结婚的年龄而未出嫁的女子或者守寡未满三年的妇人才需如此。

所谓"大门"，自然指的是四合院的街门，即临街的大门；"二门"，就是指四合院外院进入"二进院"的门儿，老北京人家一般称"二进院儿"为"里院儿"，当然，如果是三进以上的院子，那就不只是一个"里院儿"了，所以这句俗语所指的四合院，起码是二进四合院。这外院儿与"里院儿"衔接处，都有"垂花门"。垂花门是四合院里一道很讲究的门，垂花门是连接前院与内院的重要枢纽。占天不占地是垂花门整座建筑的特色之一，因此垂花门内有一很大的空间，从而也给家属女眷们提供了极大的方便。

垂花门内一般又设有"屏门"，平时一般是关闭的，犹如一道屏障，

挡住了往里院看的视线，而里院儿住的内眷，即女子按规矩是不能随便走出这垂花门的，外院的男人，主要是仆人或外来的客人，未经允许也不能随便进入垂花门。女人连垂花门都不能随意走出，那自然更不能随便走出大门了。这说明以前的女子必须要遵守这规矩，决不许轻易抛头露面于大门之外。所以久而久之，就流传出"大门不出，二门不迈"这句形容女人守规矩、守妇道、守礼教的俗语。

老北京人住的四合院有哪些讲究和忌讳

旧时修四合院，北京人忌讳宅院里的地面比胡同、大街的地面低，原因是一进门就得"跳蛤蟆坑"，而出门从低向高，如似爬山，显得不吉祥，所以老北京人盖四合院，地基要高于地面、柱基要结实。

四合院的大门也是十分讲究的，它是主人的门面儿，是家族地位的象征。过去民间有句俗语："门槛越高越难进。"因此，门口的门楼越高，表示主人的地位越尊贵。在两扇大门上，还要贴上门神，这都是作为辟邪驱恶、看守门户之用，也是一种幸福美满与吉祥的象征。

在四合院设计装修的数字中，奇数不吉祥，通常老北京人都不能接受：买箱子要买一对，买椅子要买两把，帽筒要买一对，等等。但也有一定要奇数的，即北房要奇数，三间或五间，若是就有四间的当然也要盖三大间，每边再各盖半间，美其名曰"四破五"。至于东西厢房，也多以三间为准，意图是在院中修建组合里发生一条中轴线，这条线如似人身上的脊柱，是院子中最重要布局源头。正因如此，双数在北京修建住所方面是不吃香的，所以，北京呈现了这么一句俗话，"四六不成材"。

北京四合院内所栽种的花草树木也讲究布局，即使最好吃的桑椹和清心爽口的梨，其树也不会栽种到院子里，因为"桑"与"丧"、"梨"

与"离"谐音。北京俗语"桑松柏梨槐，不进府王宅"，就是这个道理。宅院里常采用的树种多是春桃、枣树、槐树等，春可赏花，夏可纳凉，秋尝鲜果，用"春华秋实"来概括北京四合院中的树木是最恰当不过了。

经常在四合院里种的花卉有丁香、西府海棠、榆叶梅、山桃花、菊花、牡丹、芍药、藤萝、茉莉、黄花等，背阴处还可栽玉簪花。除去种在地上的花卉，还有很多盆栽，可以任意搬动摆放，点缀庭院。盆栽花木最常见的是石榴树、夹竹桃、金桂、银桂、杜鹃、栀子等，种石榴取石榴"多子"之兆。至于阶前花圃中的草茉莉、凤仙花、牵牛花、扁豆花，更是四合院的家常美景了。清代有句俗语形容四合院内的生活："天棚、鱼缸、石榴树、老爷、小姐、胖丫头"，可以说是四合院生活比较典型的写照。

为什么四合院是宠物的乐园

说起北京四合院里的宠物，实在是不少，大致分起来有四类，一是鸟类、二是虫类、三是鱼类、四是兽类。饲养宠物既是老北京人的一种嗜好，也是四合院文化的重要组成部分。人们在玩赏宠物之中得到的是一份精神上的愉悦与享受，使四合院里的生活更富有情趣。

北京人在四合院里经常饲养的鸟儿和飞禽就有十几种：画眉、百灵、黄雀、玉鸟、鹦鹉、八哥等，其中只有鹦鹉按体型分为大、中、小三类，最常见的是虎皮鹦鹉、小五彩鹦鹉、葵花鹦鹉等。而鸣叫最婉转动听的当属黄鸟，也叫黄莺。虽然体型较小，但叫起来却清脆悦耳，还能模仿山喜鹊、红子、蛐蛐的叫声。因它比较容易喂养，所以在四合院里养的人较多。八哥以学舌巧语见长，多被上了年纪的老人所青睐，屋檐下放上一只八哥，逢人便叫，时不常学两句人语，别有

乐子。

　　四合院里的人养鸟儿，图的就是一乐，每天一大早，人还没起床，那鸟就先叫早儿了，清脆的叫声使小小的四合院充满了生机，于是人们起来的第一件事儿就是遛鸟。其实遛鸟不单独是给鸟儿"放风"，主要是驯鸟儿，教给它一些小技艺，以作观赏、娱乐。

　　四合院里养得比较多的还有鸽子。过去走在京城的街头，时常会听到鸽哨声，仰首望一眼蔚蓝的天空下，会见到鸽群随风掠过，与古树、红墙、胡同、老院子相互映衬。而养鸽子以放飞为趣，老北京人习惯把养鸽子叫作"玩鸽子"。

　　北京人喜欢养鸟除了图个乐儿外，还有养心健身的"作用"。过去有句话："养鸟遛鸟，遛的是鸟，练的是人，心变宽了，体变壮了，日子过得就豁亮。"所以无论是文人墨客、梨园名伶还是车夫、工人，都有养鸟的嗜好，使鸟儿和飞禽动物成为四合院里饲养最多的宠物。

"门当户对"
——四合院的故事

在古代等级森严的封建制度社会，住宅及其大门代表着主人的品第等级和社会地位，所谓"门第相当""门当户对"，就是这个意思。因此，人们对大门的型制和等级是非常重视和讲究的，除了要知道四合院的布局知识外，还要了解北京四合院住宅的大门到院子里要设置的影壁以及房屋上画的图案，等等。

四合院是如何布局和设计的

北京有各种规模的四合院，都是由四面房屋围合起来的庭院组成，因住户地位和尊卑不同，所以有一进院、两进院、三进院和四进院等几种，最简单的四合院只有一个院子，复杂的有三四个院子或者更多，富贵人家居住的四合院，通常是由好几座院子并列组成的，中间夹有一道隔墙。

四合院的大门一般都开在东南角，院中的北房是正房，正房建在砖石砌成的台基上，比其他房屋的规模大，是院主人的住室；院子的两边建有东西厢房，是晚辈们居住的地方；在正房和厢房之间建有走廊，可以供人行走和休息；四合院的围墙和临街的房屋一般不对外开窗，院中

的环境封闭而幽静。

此外，四合院的建造极讲究布局。中国古代的建筑环境学，是中国传统建筑理论的重要组成部分。

北京的四合院受儒家"天人合一"观念的影响，建筑按照外观规矩、中线对称来布置。四合院里穿插着许多大小不一的院落，往大了扩，就是皇宫、王府；往小了缩，就是平民百姓家的住宅。布局讲究"前寝后室"，依据中国男尊女卑、长幼有序的传统观念，所有的家庭成员，按照自己的辈分住在不同的房间里。

四合院的构成有它的独特之处，色彩亦以灰色屋顶和青砖为主，体现了它与京城相通的秩序井然和雍容大度的气质。院落宽阔，四面房屋各自独立，又有游廊连接彼此，起居十分方便；四合院的封闭使住宅具有很强的私密性，关起门来也是一片天地；四合院里的四间房门都开向院落，院落中还可植树栽花、饲鸟养鱼。

在现代，随着社会观念的改变和城市的规划，四合院也面临保护和拆迁的矛盾，一些四合院被列为文物保护单位，但同时也有一些被拆除。

四合院的门为什么都开在东南角

四合院是老北京建筑的一大特色。雕梁画栋的门廊，曲折幽静的庭院，为这座城市添加了一份幽雅。北京的胡同儿一般是东西走向的，主要以走人为主，如果仔细观察，就会注意到北京四合院的门一般都开在院子的东南角。

门开在东南角，一是由于堪舆理论的考究，将这样的建筑布局叫作"坎宅巽门"，通过对地形方位的勘察，选择一个吉利的地址来建筑，以达到趋吉避凶的目的，大门开在正南方向的东南方向，大门不与正房

探秘北京 ❸ 解码千年古迹的尘封记忆

相对。正房坐北为坎宅，如做坎宅，必须开巽（音同"迅"）门，"巽"者是东南方向，门开在东南则象征"一帆风顺"，在东南方向开门财源不竭，金钱流畅。

而"坎"为正北，在五行中为水，将正房建在正北，意味着可以避开火灾。中国古代建筑大多为木质结构，极为怕火，甚至失火也隐晦地说成是"走水"。所以正房坐北，从心理上说也是一种祈求平安的表现，所以要以"坎宅巽门"为最佳。

从地理环境上来说，坐北朝南的正房与东南角开门也有一定的道理。中国北方"地处北半球的黄河流域，受亚热带季风的强烈影响，房屋建筑面向正南而建是最适宜的，北侧封闭可以抵御冬季凛冽的寒风，南侧开设门窗，便于在冬季接受和煦的阳光，又利于夏季空气的流通"，所以，这种"坎宅巽门"的布局是非常适宜居住的。

其实，不仅是四合院，中国北方普通民居住宅也通常采用"坎宅巽门"的布局，今天大多数人仍本着居住适宜而选择这种布局，这也是古代中国人智慧的结晶。

为什么要在四合院内设置影壁墙

影壁又称照壁，建在四合院大门的对面或大门内对着门外，影壁是四合院的重要装饰，主要作用在于遮挡大门内外杂乱呆板的墙面和景物，美化大门的出入口，使人们站在大门前感觉到宽阔、整洁，同时也表明四合院的里、外有别。人们在进出宅门时，首先看到的是雕饰精美的墙面和镶刻在上面的吉辞颂语。

过去的人们很迷信，认为人死后有鬼魂，如果在夜晚有孤魂野鬼游荡，闯进宅院就会不吉利。而大门前有影壁罩着，鬼魂见了自己的影子就不敢往里闯了，起到避邪镇恶的作用。

民宅故居

因四合院的大小不同，住宅内主人身份的不同和门的大小不同，所以影壁在建造上有一定的规矩。第一种位于大门内侧，呈一字形，叫作一字影壁。较多建在官宅或富商门前，其影壁建筑分为三部分，上装筒瓦，中壁用长方砖砌出框架，框心及四角加上砖雕，中间刻有福、财、鸿的字样，下砌须弥座。大门内的一字影壁有独立于厢房山墙或隔墙之间的，称为"独立影壁"，如果在厢房的山墙上直接砌出小墙帽并做出影壁形状，使影壁与山墙连为一体，则称为"座山影壁"。

第二种是位于大门外面的影壁，这种影壁坐落在胡同对面，正对宅门，一般有两种形状，平面呈"一"字形的，叫"一字影壁"；平面呈"冖"形的，称"雁翅影壁"。这两种影壁或单独立于对面宅院墙壁之外，或倚砌于对面宅院墙壁，主要用于遮挡对面房屋和不甚整齐的房角檐头，使经大门外出的人有整齐美观愉悦的感受。

第三种影壁，位于大门的东西两侧，与大门檐口呈一百二十度或一百三十五度夹角，平面呈八字形，称为"反八字影壁"或"撇山影壁"。做这种反八字影壁时，大门要向里退进两米到四米，在门前形成一个小空间，可作为进出大门的缓冲之地。在反八字影壁的烘托陪衬下，宅门显得更加深邃、开阔、富丽。

影壁与大门是互相陪衬、互相烘托的关系，二者密不可分，它虽然是一座墙壁，但由于设计巧妙，施工精细，在四合院入口处起着烘云托月、画龙点睛的作用。

院子的门头上为何画很多图案

四合院的装修、雕饰、彩绘也处处体现着民俗民风和传统文化，表现出人们对幸福、美好、富裕、吉祥的追求。如蝙蝠、寿字组成的图案，寓意"福寿双全"。

蝙蝠被北京人称之为吉祥物，蝠与"福"谐音，故而出现了两只蝙蝠在一起的双福；盒中飞出五只蝙蝠的"五福和合"；五只蝙蝠围着一个大寿字团团飞舞，称之为"五福捧寿"；最让大家赞不绝口的是，让蝙蝠与铜钱调配在一起，就成了"福在眼前"（古代铜钱中有孔）了，可见北京人为了让蝙蝠成为院宅中的吉利物而绞尽了脑汁。

鹤是羽族之长，在过去只有一品大臣的官服才绣有此图案，所以北京人称鹤为一品鸟，道家则称之为仙鹤，寓意长寿仙禽之意。在北京民居的影壁、垂花门、游廊和窗棂上，会看见有松鹤长春、鹤鹿同春等图案。

北京人把喜鹊作为"吉祥"的象征，称为"吉祥鸟"。关于它有很多传说，说喜鹊能报喜。

有这样一个故事：贞观末期有个叫黎景逸的人，家门前的树上有个鹊巢，他常喂食巢里的鹊儿，长期以来，人鸟有了感情。一次黎景逸被冤枉入狱，令他倍感痛苦。有一天他喂食的那只鸟停在狱窗前欢叫不停，他暗自想大约有好消息要来了。果然，三天后他被无罪释放，是因为喜鹊变成了人，假传圣旨。

有了这个传说，画鹊兆喜的习俗大为流行，图案品种也有多样。如两只喜鹊面对面叫"喜相逢"；双鹊中加一枚古钱叫"喜在眼前"；一只獾（音同"欢"）和一只鹊在树上树下对望叫"欢天喜地"。流传最广的鹊登梅枝报喜图，又叫"喜上眉梢"。

喜鹊明丽清亮的鸣叫声更让北京人喜爱。清晨见到喜鹊或听到其鸣叫，会喜庆一天。故四合院院内多有"喜上梅梢""日日见喜""喜报三元"（解元、会元、状元）等图案。

在四合院中也有很多鱼的图案，"鱼"与"余"谐音，吉利。于是，在宅院的壁画中也有连年有余、双鱼吉庆、鲤鱼跳龙门等吉祥图案，北京人借此吉祥图案寓意生活富裕、美好、高位升迁、祝颂幸运。

民宅故居

四合院的大门为何讲究"门当户对"

在等级森严的封建社会，住宅及其大门代表着主人的品第等级和社会地位，所谓"门第相当""门当户对"就是这个意思。因此，人们对大门的型制和等级是非常重视的。

北京四合院住宅的大门，从建筑形式上可分为两类，一类是由一间或若干间房屋构成的屋宇式大门，另一类是在院墙合拢处建造的墙垣式门。设屋宇式大门的住宅，一般是有官阶地位或经济实力的社会中上层阶级；设墙垣式大门的住宅，则多为社会普通百姓居住。

王府大门是屋宇式大门中的最高等级，通常有五间三启门和三间一启门两等。这种大门坐落在宅院的中线上，宏伟气派。北京后海北岸的清醇王府大门，就是一座五间三启门的屋宇式大门。在封建社会，王府大门的间数、门饰、装修、色彩都是按规制而设的。例如，清顺治九年规定亲王府正门广五间，绿色琉璃瓦，每门金钉六十有三。

广亮大门仅次于王府大门，它是屋宇式大门的一种主要形式，这种大门一般位于宅院的东南角，占据一间房的位置，也有较高的台基，门口比较宽大敞亮，门扉开在门厅的中柱之间，大门檐村之下安装雀替、三幅云一类既有装饰功用、又代表主人品级地位的饰件。

一种门扉安装在金柱（俗称老檐柱）间的大门，称为金柱大门，这种大门同广亮大门一样，也占据一个开间，一般它的规制与广亮大门很接近，门口也较宽大，虽不及广亮大门深邃庄严，仍不失官宦门第的气派，是广亮大门的一种演变形式。

北京中小型四合院采用的大门当中，如意门占据相当大的比重。如意门的门口设在外檐柱间，门口两侧与山墙腿子之间砌砖墙，门口比较窄小，门相上方常装饰雕镂精致的砖花图案，在如意门的门指与两侧砖墙交角处，常做出如意形状的花饰，以寓意吉祥如意，故取名如意门。如意门里的住户一般是在政治上地位不高，但却非常殷实富裕的士民阶层。

除上述数种屋宇式大门外，在民宅中常采用墙垣式门者也不在少数。墙垣式门最普遍、最常见的形式是小门楼形式，它的样式尽管很多，但基本造型大同小异，主要由腿子、门楣、屋面、脊饰等部分组成，一般都比较简单朴素，也有为数不多的豪华小门楼，门指以上遍施砖雕，虽不气派但却十分华丽，显示房主人的富有和虚荣。

大门口的门墩有什么讲究

门墩通常由须弥座、抱鼓或方箱，以及兽吻或狮子几部分构成。根据门楼的形制不同门墩的形制也有差异。

有权有势的大户人家讲究在门前摆上一对汉白玉雕的大石狮子，通常是雄狮居左，右爪下踩着绣球，称为狮子滚绣球；雌狮居右，左爪下是一只幼狮，叫作少师少帅，意思是子嗣昌盛，世代高官。门墩雕刻女娃撒金钱，戏弄三足蟾的图案，金钱代表富贵，蟾是多产多育的象征。"刘海戏金蟾"的含义为富贵多子，因宋代词人柳永有"贪看海蟾狂戏，不道九关齐闭"的诗句，所以"刘海戏金蟾"也象征着财源茂盛、汲取不断。飘带作为门墩雕饰图案使用广泛，表示"好事不断"。雕一只猴子攀缘在枫树枝上，想摘取挂在枝头的官印，树旁蜜蜂翻飞，利用汉字的谐音，取意"封侯挂印"，象征升迁，官运亨通。

而大多数的四合院是在门框两侧放置一对小石狮子或小石虎门墩儿，尽管它们没有大户人家门前那对石狮高大气派，但也雕刻得活灵活现，十分精美，或蹲或站，或伏或仰，犹如一对保护神，看守宅门。其实放置它们的本意也是避邪驱恶，守门看户。

人们之所以多选择石狮和石虎守门看户，是将其视为异兽，凶猛威武而毫不畏惧任何禽兽，被视为兽中之王，有它看家护院，野兽鬼怪就不敢进入宅门。在门前放置石狮子还有两种说法，一是说它是吉祥之物，所以将一对活泼可爱的小石狮子放在门前，也是一种喜庆活泼的象征；二是有的门墩儿上呈卧姿一大一小两只狮子，"狮"谐音"世"，大狮子小狮子取"世世同居"之意，且小狮子卧于大狮子胸前，又有"父慈子孝""和谐美满"之意。再说那抱鼓型门墩儿，按老礼儿讲，抱鼓寓意是通报来客之鼓，客来客往才显示出主人的人缘儿好，家业兴旺。而箱子型门墩多刻有蝠（福）、鹿（禄）、喜鹊（喜）、穗（岁）、瓶（平）、鹌（安）、羊（三阳开泰）和钱等图案，都是吉祥之物，表现人们对幸福美满生活的向往和对美好事物的渴望。

门墩象征着北京的一个时代，具有历史价值；同时，门墩又是一种民间工艺美术品。现在北京城市开发建设的速度很快，古旧平房改建成高楼大厦的工程随处都在进行，但与此同时，气派的门墩与四合院的瓦砾一起渐渐地消失了。

进四合院时为什么不能踩门槛儿

四合院配饰门槛儿也称门坎儿、门栏儿，横伏于门口儿，迈进去，退出来，给人一种家里家外的感觉，它是内外区域的界线。

按道理说现在的人居家过日子，门槛儿没有那么多的象征意义，进进出出，跨一跨门槛儿，是件很平常的事情。但在过去，门槛儿也是讲究传统的。过去有不能踩门槛儿的习俗，可以坐，但绝不可以踩。过去的小孩子不懂事，经常在门槛儿上玩耍，大人见了会马上制止，说门槛儿是护家的神，不能随便踩踏。

四合院门槛儿分固定和可移动的两种，一般以固定门槛儿的居多，而一些大户人家为了马车出入方便，也有随时可移动的门槛儿。按老北京四合院的礼俗，送客时一定要送到门槛儿之外，若是骑马乘轿而来的，要看着客人上马上轿；若是步行而来的，要目送客人远去，如果只将客人送出屋门而不送到四合院门槛儿之外，是对客人的不礼貌不尊敬，被视为失礼。

关于门槛儿一共有六种说法。

第一，忌踩门槛儿这一风俗始于先秦时期，最先是君臣之间的礼仪，那时臣子出入君主的门户时，不能踩着门槛儿，只能侧身而行，门槛儿往往是地位尊卑之分，这也是后世不踩门槛儿表示尊重的来源。之后，演变为家族地位的高低。

第二，门槛儿具有遮挡污物和避邪的作用。门口横上一道门槛儿，象征着竖立一道墙，将一切不好的东西挡在门外，特别是要把那些鬼怪拒之门外，以保一家人的平安幸福。

第三，实际上门槛儿的木枋在过去，与房梁正顶的主枋是同材。即一根木枋分正梁、门槛。正梁有镇宅护平安的"效用"。同一材质的木枋作门槛，自然也具备护宅镇家的"功能"。

第四，也有人说门槛儿是祖宗的脖子，不能踩，否则表示不敬。

第五，还有一种说法认为：门槛儿是当家人的脖子，是当家人的头，所以有一说是：忌踩门槛儿忌坐斗。

第六，传说踩门槛儿会坏自家的气运，冲撞家神（一些地区的民俗中认为各家都有保护神）。

如果你去寺院的话门槛儿也是踩不得的，佛教中有一种说法：寺庙的门槛儿是释迦牟尼的双肩。既然门槛儿是神的肩膀，也是不能践踏的。

山水园林

万园之园——圆明园

素有万园之园美称的圆明园是中国园林艺术史上的瑰宝。百年已去，残迹尚存。如果圆明园没有在第二次鸦片战争中被英法联军烧毁，这座皇家园林可能是当之无愧的世界园林之王。那么，规模如此宏大的皇家园林，背后有着哪些不为人知的事情？艺术价值是如何的空前绝后？又是如何被付之一炬的呢？

圆明园的兴建与雍正有关

圆明园始建于康熙四十八年（1709 年），最初是康熙赐给第四子胤禛（即后来的雍正）的。

由于清朝统治者入关以前在东北过的是游牧生活，那里夏天气候凉爽、宜人。入关以后，他们很不适应北京盛夏干燥炎热的气候。紫禁城虽金碧辉煌、宏伟壮丽，但时间久了，统治者们开始感觉呆板烦闷。尤其是康熙初年，紫禁城为了防火，也为了防止暴乱，砌了高高的宫墙。皇宫里院院相套，溪水流动平缓几近死水，当时的皇城有着"红墙，绿瓦，黑阴沟"之称。这使得生活在皇宫里面的人开始有些厌倦高墙耸立的宫廷生活，于是，从康熙初年开始，清廷便在北京城里大规模修建园林，修建世外桃源。

康熙二十三年（1684 年），康熙下令在清华园旧址建造一座面积达六十公顷的畅春园，他每年大部分的时间都在那里避喧听政。畅春园周围，有许多明朝遗留下来的私家园林，清初时收归内务府奉宸院后，就把这些前明私园分赐给清皇室成员和王公大臣。

康熙四十八年（1709年），康熙将其中一座明代旧园作为藩赐园赐给了胤禛。这座园子就是由康熙命名并御笔亲题匾额的圆明园。

雍正崇信佛教，号"圆明居士"，并对佛法有很深的研究。

在清初的佛教宗派格局中，雍

雍正帝画像

正以禅门宗匠自居，并以"天下主"的身份对佛教施以影响，努力提倡"三教合一"和"禅净合一"，是佛教发展史上非常重要的人物。康熙在把园林赐给胤禛时，亲题园名为"圆明园"正是取意雍正的法号"圆明"。

对于这个园名，雍正有个解释，说"圆明"二字的含义是："圆而入神，君子之时中也；明而普照，达人之睿智也。"意思是说，"圆"是指个人品德圆满无缺，超越常人；"明"是指政治业绩明光普照，完美明智。这可以说是封建时代的统治阶级标榜明君贤相的理想标准。

万园之园两任总设计师都是皇帝吗

雍正是修建圆明园的第一任总设计师。

1723年，当他开始扩建圆明园时，在圆明园内专门设立了一个设

山水园林

计机构——如意馆，也就是当时的皇家画院。在那里，聚集了一批优秀的宫廷画师，他们的任务是按照雍正的思想和要求，画成既写实又写意的中国画呈送给雍正批阅，雍正点头了，他们的设计初稿才算通过。史书上记载，雍正对艺术很有感觉，而且特别重视圆明园的修葺，他每次下朝后都会到如意馆察看修建的进度并提出个人建议。

圆明园的设计蕴涵着中国传统文化积淀了几千年的审美情趣，其设计思路主要来自两个方面：一是模仿中国南方迷人的自然风景；二是再现中国诗歌与绘画中的意境。作为大清的最高统治者，雍正的理想是将现实和想象中所有的美丽和幽雅因素都汇聚在他的圆明园中。那里充满了雍正心中诗情画意的江南水乡和精神家园。

到了 1737 年，乾隆成为修建圆明园的第二任总设计师。

乾隆对圆明园修建的重视程度比雍正更甚。众所周知，乾隆是个崇尚奢华、爱好吃喝玩乐的皇帝，他一生多次造访江南，所到之处看到的江南美景都是他设计圆明园的灵感来源。不得不提的还有，乾隆授意当时的宫廷画师将全盛时期的圆明园描绘出来，隽永的《圆明园四十景图》，是如今我们揭开圆明园神秘面纱的唯一蓝本。

乾隆还对西方文化充满了好奇，他让出入宫廷的画家——意大利传教士郎世宁，法国人王致诚、蒋友仁为他设计了一组结合中国传统的欧式园林建筑——西洋楼景区。西洋楼最有名的是各种奇幻的欧式喷泉，一位目睹过它的欧洲传教士曾称赞它可以和法国的凡尔赛宫相媲美。

当然，作为大清的最高统治者，乾隆和画师们只是将想象中的设计思路展现在纸上，而具体的建造实施还需要宫廷中的御用总建筑设计师——雷氏家族。

清朝初期，家族首领雷金玉在修复被战火破坏的紫禁城时，因技艺超群被康熙看中。从此，雷金玉就成为皇家的总建筑师。在大清两百多年的时间里，许多重要的皇家建筑都是这个家族的作品。在完成了清朝的第一个离宫——畅春园之后，圆明园的修建工程也交到了雷家的手上。

为何圆明园的艺术是空前绝后的

圆明园位于北京西北郊，属明朝旧园。自康熙把它送给四子胤禛后，经雍正、乾隆、嘉庆、道光、咸丰五位皇帝历时一百五十多年的扩建，集中了全国大批的人力、物力，役使了无数能工巧匠，倾注了千百万劳动人民的血汗，当之无愧是一座景色秀丽、如梦似幻般宏伟壮丽的园林。

清朝的历代皇帝每到盛夏就到圆明园避暑、听政、处理军政事务，因此圆明园也被称作夏宫。可见，这座夏宫的历史存在意义非同凡响。另外，这座夏宫在后人眼里的价值之所以空前绝后，还源于它有几个之最。

面积广大。圆明园是一组清代的大型皇家园林，由圆明园、绮春园（后改称万春园）、长春园组成，其中以圆明园最大，故统称圆明园（亦称圆明三园）。除此之外，还有许多属园，分布在圆明园的东、西、南三面，如香山的静宜园、玉泉山的静明园、清漪园（后来的颐和园）等，全园面积占地约五千二百亩。

艺术高雅。圆明园不仅汇集了江南多处名胜，还创造性地借鉴了西方园林的建筑模式，集当时古今中外造园艺术之大成。园中有宏伟的宫殿；有轻巧玲珑的楼阁亭台；有象征热闹街市的"买卖街"；有象征农村景色的"山庄"；有仿照杭州西湖的平湖秋月、雷峰夕照；有仿照苏州狮子林的风景名胜；还从古代诗人、画家的诗情画意里建造出的景色，如蓬莱瑶台、武陵春色等。

宝物众多。圆明园内珍藏了无数件各种式样的无价之宝，如历代书画、金银珠宝、宋元瓷器等，堪称人类文化的宝库之一，可以这样说，它是当时世界上最大的一座博物馆、艺术馆。

山水园林

风景优美。圆明园是人工创造的一处规模宏大、景色秀丽的大型园林。那里平地叠山理水，精制园林建筑，广植树木花卉。以断续的山丘、曲折的水面及亭台、曲廊、洲岛、桥堤等，将广阔的空间分割成大小百余处山水环抱、意趣不同的风景群。总之，整个园林宛如江南水乡般的烟水迷离，虽由人做，宛自天开。

十二生肖兽首铜像是用来计时的吗

圆明园十二生肖兽首铜像，又称圆明园兽首、圆明园红铜兽首及圆明园兽首铜像等，原来是中国皇家园林圆明园中观赏实用性建筑海晏堂前喷水池的一部分，修建于乾隆年间，由欧洲传教士意大利人郎世宁主持设计、法国人蒋友仁设计监修、清宫廷匠师制作的艺术珍品，在国际上具有极高的艺术价值和鉴赏价值。

原本郎世宁是要建造具有西方特色的女性裸体雕像，可是乾隆帝觉得这有悖中国的伦理道德，所以勒令重新设计，后来才有了结合中国民俗文化的十二生肖铜像。

据考证，海晏堂正楼朝西，上下各十一间，楼门左右有叠落式喷水槽，阶下为一大型喷水池，池正中是一个高约两米的蛤蜊石雕，池两旁呈八字形各排出六个石座。当年的十二生肖铜像就呈八字形排列在圆明园海晏堂前的水池两边，南岸分别为子鼠、寅虎、辰龙、午马、申猴、戌狗；北岸则分别为丑牛、卯兔、巳蛇、未羊、酉鸡、亥猪。这些青铜生肖雕像高五十公分，雕刻精细，铜首石身，为清代青铜器中的精品。

更奇特的是，这些兽首铜像是按照我国十二生肖设计的喷泉时钟，每日每到一个时辰，属于该时辰的生肖钟就会自动喷水，被时人称为"水力钟"。正午十二点时，十二铜像则同时喷水，设计极为巧妙。

遗憾的是，1860 年英法联军侵略中国，火烧圆明园，十二兽首铜像开始流失到海外。到 2012 年为止，牛首、猴首、虎首、猪首和马首铜像已回归中国，收藏在保利艺术博物馆。2013 年 4 月 26 日法国人宣布将归还鼠首与兔首铜像给中国政府。其他仍旧下落不明。

四十景图能还原多少真相

圆明园曾经作为东方文明的一种象征，其规模之宏伟、典藏之丰富无不令世人叹为观止。正如雨果所说，那是一座令人神往的宫殿，如同月宫的城堡一般，更像一座富丽堂皇的东方博物馆。如今这如梦似幻的仙境已不复存在，然而那被无数名人传颂并赞美的圆明园无一处不引人追思遐想。圆明园究竟是怎样的雍容华贵？又是怎样的富丽堂皇？

一场浩劫，烧掉了所有，却引发了更多的猜想。这个时候，人们发现了揭开其美丽面纱的途径，就是《圆明园四十景图》的珍藏。人们可以从这轴画卷中领略圆明园全盛时期的壮观真相，人们可以从这卷绘画里品读圆明园被毁之前的满目琳琅。

全盛期的圆明园有长春园、绮春园、圆明园等近一百多处园林风景群，四十景是指园内独成格局的四十处景群。一个景就是一座"园中园"或园林建筑群。

《圆明园四十景图》是按照乾隆帝的旨意，由当时最知名的宫廷画师唐岱、沈源、冷枚等历经十一年绘制而成，画成画相当不易。画成之后，每幅景致都附有乾隆帝御笔题书、工部尚书汪由敦书写的咏词，字体一律为大臣奏章所用的宫廷管和体。全图分为上下两册，奉旨正式安设于圆明园奉三无私殿呈览，人称殿本彩图。其图画效果佳、风格写实、题诗意境深远、书法隽永飘逸，使得诗、书、画达到了完美的结合。这是我国成就最高的工笔彩画，是我国绘画艺术里的一大珍宝。

可惜，这套《圆明园四十景图》彩绘本，后来惨遭劫难。1860 年

山水园林

圆明园被烧之前，这套珍贵的彩绘图就被侵略者掠走，并"堂而皇之"地献给法国皇帝拿破仑，目前被法国国家图书馆收藏。就这样，圆明园不仅真身葬送在了西方侵略者的手里，连图像也被抢走，致使在很长一段时间里，圆明园的形象留给我们的只是一片美好的空白。然而《圆明园四十景图》真身在法国的出现，无疑是当时西方侵略者累累罪行的又一佐证。

如今我们所见到的《圆明园四十景图》珍藏画卷，是中国首次出版的《圆明园四十景图》绢印画卷。该卷长约二十八米，宽约三十八厘米，是目前世界上最长的绢制彩色工笔画。画卷包装为红色漆雕太平鼓，寓意盛世太平。画卷由中国国家博物馆、中国收藏家协会监制，绝版发行两千零四卷，国内限量发行八百卷，每卷均有绝版编号。由于它蕴含着深厚的历史、文化和艺术价值，从而具有重要的收藏价值。

圆明园是如何被"付之一炬"的

清朝中叶时期，由于前期的闭关锁国，中国的科学技术和武器装备已大大落后于西方，阶级矛盾日益尖锐。1856 年 10 月，英国和法国联合发动了第二次鸦片战争。为了给清政府施加压力，侵略军于 1858 年 5 月逼近天津，清政府被迫分别与英、法、俄、美签订了丧权辱国的《天津条约》。

咸丰十年（1860 年）七月，英法侵略者的舰队再次攻进天津，以英法公使要进京换约为幌子，一面武力进逼，一面假意讲和，目的在于陈兵京师，逼清廷就范。于是趁着腐败无能的清政府束手无策之时，侵略军长驱直入通州。9 月 21 日，通州八里桥决战，清军失利，次日清晨，咸丰皇帝自圆明园仓皇逃至承德避暑山庄，一时出现了京城无主、百官皆散、军卒志懈、民心大恐的危机局面。

1860 年 10 月 6 日，英法联军绕经北京城东北郊直达圆明园，当时的清政府旧部在城北一带没有抵抗，便自行逃散。法军先行，于当天下午闯入圆明园大宫门。此时，在出入贤良门内，虽有二十余名圆明园技勇太监奋力直前，但终因寡不敌众以身殉职。晚上 7 时，法国侵略军攻占了圆明园。

10 月 7 日，英法侵华头目闯进圆明园后，开始协议分派园内物品。在入园的第二天，军官和士兵们就成群搭伙地冲上前去抢劫园中的金银财宝和文化艺术珍品。更甚者，部分士兵手抢木棍，将不能带走的东西全部捣碎。

10 月 9 日，法国军队暂时撤离圆明园时，这处秀丽园林，已被毁坏得满目狼疮。正当清政府对侵略者屈膝退让，答应接受全部"议和"条件，准备择日签约时，英国侵华头目额尔金、格兰特，为了给其侵华行为留下"赫然严厉"的印象，使清政府"惕然震惊"，同时也为了掩盖其抢掠罪行，竟借口清政府逮捕其公使和虐待战俘，悍然下令火烧圆明园。

10 月 18 日、19 日，三四千名英军到园内到处纵火，大火烧了三天三夜，烟云笼罩在京城上方，久久不散。这座举世无双的园林杰作就

圆明园

山水园林

这样被付之一炬。最终，偌大的圆明三园内仅有二三十座殿宇亭阁及庙宇、值房等建筑幸存，但多数门窗不齐，室内陈设、几案均尽遭劫掠。与此同时，圆明园附近的三山五园也被烧成了一片废墟。

英国侵略军在烧毁安佑宫时，因他们来得突然，主事太监又反锁着安佑宫的大门，所以，当时有太监、宫女、工匠等三百多人，被活活烧死在安佑宫，实在是惨无人道。

英法联军火烧圆明园时，本意是将其全部夷为平地，但是由于圆明园的面积太大，景点分散，而且水域辽阔，一些偏僻之处和水中景点得以幸免于难。

但是清光绪二十六年（1900 年），八国联军入侵北京，清帝再次逃亡。在混乱中，圆明园第二次遭到附近驻军溃兵和匪民的趁火打劫。园内的残存建筑除绮春园宫门有庄户保护外，其余名木古树、木质桥梁以及建筑地基中的砖瓦木桩，全部被兵匪推倒并拆毁变卖。经过两次大规模的破坏，圆明园的历史文化遗产几乎荡然无存。

"两个来自欧洲的强盗闯进圆明园"的故事

1861 年，法国著名作家雨果先生给当时参与焚毁北京圆明园的法军上尉巴特勒写了一封信。信中高度赞美了圆明园的历史、文化、艺术价值，并通过一个寓意深刻的故事怒斥了英法侵略军的罪行。

"在世界的某个角落，有一个世界奇迹。这个奇迹叫圆明园……这个奇迹已经消失了。有一天，两个来自欧洲的强盗闯进了圆明园。一个强盗洗劫财物，另一个强盗放火。似乎得胜之后，便可以动手行窃了。他们对圆明园进行了大规模的劫掠，赃物由两个胜利者均分。我们看到，这整个事件还与额尔金的名字有关，这名字又使人不能不忆起巴特农神庙，从前他们对巴特农神庙怎么干，现在对圆明园也怎么干，不同的是干得更彻底、更漂亮，以至于荡然无存。我们把欧洲所有大教堂的财宝加在一起，也许还抵不上东方这座了不起的富丽堂皇的博物馆。那儿不仅仅有艺术珍品，还有大堆的金银制品。丰功伟绩！收获巨大！两个胜利者，一个塞满了腰包，这是看得见的，另一个装满了箱箧。他们手挽手，笑嘻嘻地回到了欧洲。这就是两个强盗的故事。"

这就是雨果先生在英法侵略者远征中国之后写给法军上尉，不，是写给全世界的信。故事里面，字里行间的惋惜和讽刺无一不透露出他对侵略者暴行的不满。

雨果先生说圆明园是奇迹，属于世界的奇迹。他为圆明园惋惜，附带沉重的惋惜。他书写着所谓"文明"的诡异；还夹杂了对野蛮的鄙夷用极具嘲讽的语气呼唤着人性的善意，批判着侵略者的不堪劣迹。

山水园林

皇家园林博物馆——颐和园

颐和园、承德避暑山庄、拙政园、留园并称为"中国四大名园"，作为颐和园前身的清漪园，在咸丰十年（1860年）被英法联军烧毁，光绪十四年（1888年）重建，改名为颐和园。作为现今保存最完整的皇家行宫御苑，颐和园被誉为"皇家园林博物馆"，可以说，其浓厚的历史文化积淀、传奇的自然景观无一不是中国古代文明的经典体现。那么，这些传奇的景观背后到底藏着哪些有趣的奇谈呢？

颐和园里是不是有一块"败家石"

在颐和园乐寿堂的庭院里，有一块名为"青芝岫"的巨石如一展屏风般横卧在一个雕着海浪纹的石座上。这块巨石东面写着"玉英"、西面写着"莲秀"，长八米、宽两米、高四米，约重一百六十六吨。形状奇特之处自不必提，且说这块巨石还有一个有意思的别名——"败家石"。那么，这尊巨石的背后到底藏着什么样的传奇故事呢？

传说明朝有一个叫米万钟的，曾经做过知县，后来升官到太仆少卿。他对花水山石深有讲究，尤其爱石成癖，家中珍藏了许多奇珍怪石。有一天，他听说房山有一块奇特的怪石，几经踏勘游访，终于遇到了一块大青石，因为非常喜欢决心运送回家。可惜石头太大太重了，人抬不起，马也拉不动，米万钟只能采用之前秦始皇修长城时挖水道运山石的办法，雇了许多民工，先是修了一条大路，接着在路旁每隔三里打一眼小井，每隔五里打一眼大井，到了冬天，就用水泼路，冻成一条冰水道。只能说，为了这块石头，米万钟倾尽家财，最终因财力耗尽，导致石头运到良乡就再也运不下去了，只好丢弃在路旁。也因此，当时有人管这块大青石叫"败家石"。

一百多年后，清代乾隆帝南巡回京的路上途经良乡时，看上了路旁这块奇特的大巨石，于是下旨将它运到正在修建的颐和园中。但是由于石头太大，任何门都进不去，无奈之下，乾隆帝只得命人"破门运石"。这一举动引起了皇太后的不满，于是她把这块石头视为不祥之兆，说："既败米家，又破我门，真是'败家石'也。"后来，有王公大臣为了讨好皇帝，都说这块石像灵芝，是人寿年丰的预兆。于是，乾隆帝将其移到乐寿堂前面，取名"青芝岫"，以保大清江山万古长青。

从那时候起，这块"败家石"便开始名扬天下了。

铜牛背后有着怎样曲折的故事

在颐和园昆明湖的东堤岸边，位于十七孔桥桥头不远处，有一头雕琢得栩栩如生的镀金铜牛昂首卧于岸边。令许多游客到此都会合影留念，情不自禁地多看上几眼。牛在我国的传统文化理念中，寓意勤劳朴实、温顺善良、平和自如，然而颐和园的铜牛之所以如此受欢迎，除了前面提到的几点外，也源于其故事的广泛流传。

我们都听过大禹治水的故事，传说中的大禹，鲧之子，奉舜命治理洪水，为了防止河水泛滥，他每治好一处水患，都会命人铸造一条铁牛沉入河底，认为牛识水性，可帮助镇压。

到了唐朝，经过长期沿袭演变，人们不再将铁牛沉入河底，而是放置在河岸边。

清代乾隆皇帝好大喜功，常常自比尧、舜、禹，于是，乾隆二十年（1755 年），沿用大禹治水沉铁牛的传说，又沿用唐朝铁牛上岸的做法，命工匠铸造了一只铜牛，并全身镀金，上铸《金牛铭》，以昭示大清王朝的繁荣昌盛。

其实，将金铜牛放置在昆明湖岸边镇水患，还是有一些科学考证的。据说，昆明湖的东堤比故宫的地基高约十米，每次下雨，都可以根据铜牛考察湖水的水位，随之掌握水位比皇宫的城墙高多少，以便提前加强防护，使皇宫免受洪水之灾，防止紫禁城遇难。

对于这个镶金镀银的镇水之宝，当时的统治者们还有自己的一套独到见解。

乾隆常自比玉皇大帝，把昆明湖比作天河，湖东岸的铜牛是天上牛郎的象征，湖西岸的"织耕图"则象征织女（据说在昆明湖西墙外的某处菜园里，曾发现过上刻"织耕图"和乾隆御笔方印的白玉石碑）。

晚清贪图享乐的慈禧太后，则经常把自己比作天上的王母娘娘。她曾下旨，要把颐和园扩建成"天上人间"，昆明湖好比天河，铜牛好比牛郎，怎么能少得了织女呢？于是，她命人在湖西岸的石舫旁边建了织女亭。而铜牛的身子朝东，头扭向西北，正好是织女亭所在的方向。

1860 年英法联军攻入北京城，侵占颐和园后，到处破坏园林、掠夺文物。光天化日之下，他们把金铜牛身上的金箔一块一块地剥光抢走后，还打算将铜牛运出颐和园化铜卖钱，当时的民众趁天黑之际，将铜牛推入湖底，骗过了英法联军的侵略者，才得以保全铜牛没被抢走。

颐和园长廊是慈禧下令修建的吗

颐和园长廊在万寿山南麓和昆明湖北岸之间，东起邀月门，西至石丈亭，中间穿过排云门，两侧对应点缀留佳、寄澜、秋水、清遥四座攒

尖亭，象征春、夏、秋、冬四季。长廊全长七百二十八米，共二百七十三间，共五百四十八根柱子，当属我国古建筑和园林中最长的廊。

最值得一提的是，此长廊还是一条五光十色的画廊，廊间的每根柱梁上都绘有彩画，约计一万四千幅，其中，山林、花鸟、草木、景物、人物等都有入画，画师们将中国几千年历史文化的精华都浓缩在了这长长的廊子上。

那么，如此富丽堂皇、设计精妙的绝佳古迹，当初是谁让修建的呢？这背后又有哪些有意思的故事？

传说，颐和园修建成功后，慈禧太后对这个可以"颐养天年"的宝地甚是满意，经常从寝宫出来到湖边散步，每年有一大半的时间都会来颐和园欣赏江南美景。但是山山水水的，时间久了，看多了也就不觉得新鲜了，于是开始盘算着在湖边建造点什么，最好走一步就能看到不一样的景色。

有一天，心情烦闷的慈禧太后率众大臣在万寿山的南坡散步时，突然下起了雨，怕太后为此事更加烦躁，太监李莲英慌忙上前撑起了伞，并战战兢兢地开始察言观色。没想到，慈禧太后的心情顿时好转，喜在有雨伞可以遮风挡雨，又喜在可以看到另一番景致。

回到寝宫后，慈禧太后立即召见了工匠，将自己的想法告诉他们，下令在万寿山的南坡与昆明湖之间修建一处既可遮风避雨又可观感异景的亭阁，于是，便有了今天的颐和园长廊。

也有人说，是慈禧太后抱怨昆明湖不见龙，怒令工匠想办法，工匠梦遇鲁班赐教，得来灵感，于是修建了龙一样威武盘旋的长廊，以满足慈禧太后在佛香阁既见"凤尾"又见"舞龙"的观赏愿望。

颐和园长廊以其独特的建筑智慧，在炎炎夏日为游客营造了一处清凉宜人的休憩空间。长廊顶部铺设的琉璃瓦不仅彰显皇家气派，更以其精妙的设计有效阻隔了烈日的炙烤，为游人撑起一片荫凉。两侧匠心独运的开窗设计，既保证了视觉的通透性，又巧妙地引入了自然气流，让习习凉风与湖光山色相伴而至，为游客带来别样的游园体验。

山水园林

孤岛建筑"水牢"是做什么的

传说在颐和园西湖中间的孤岛上，有一个叫作"水牢"的地方，这耸人听闻的名字背后到底有着怎样的传奇故事？它真如传说中那般恐怖吗？

这座孤岛上的建筑其实叫作治镜阁，之所以叫"治镜阁"，是因为"治"为治理，"镜"为明察。每当乾隆登临此阁，希望可以提醒自己"明察政事，治国安民"。由于四周都是水，没有与陆地相连，因此治镜阁整个建筑在英法联军的烧抢中幸免于难。不过，今天如若有机会登上这个孤岛，发现偌大的治镜阁早已是残垣断壁，一切古迹皆已荡然无存。据史料记载，这个湖中建筑并非毁于战乱，而是在慈禧太后要求重建颐和园时，由于木料缺少，被强行拆除，材料也被挪用到了别处。

治镜阁的建筑很有特色，它采用藏传佛教的宗教理念，是一个三层楼阁式的坛城式建筑。因为在过去是禁区，几乎没有人去过，所以它的存在意义引起了许多人的猜疑，以至于后来人们谈之色变，传言那是一座关禁犯错宫女太监的水牢，其实这都是误会。

从乾隆年间一个宗室画家的画作中，可以看出治镜阁当时在清漪园还是个比较重要的建筑，因为乾隆对藏传佛教的研究造诣颇深，当时的清漪园中处处体现佛教的含义和象征，治镜阁的造型是仿造坛城（佛教世界的宇宙模型）修建的。

那么治镜阁到底是做什么用的呢？据史料记载，治镜阁共有三层，第一层进去后有个木质的平台，也有的叫平床（现故宫、颐和园都有），平台上面有皇帝的宝座，宝座旁边有两个蓝翎羽扇，另一面墙上挂了一口宝剑；第二层也有一个宝座，这是个椅式的宝座，还是皇帝坐的；第三层供了一个叫无量寿佛的铜佛像。也就是说，这个地方应该是供皇帝修身养性的宗教圣地，而非传言那般是什么水牢。这一点，从现存的唯一题着"仰观俯察"的匾额中也能区分出来，正所谓"仰观宇宙之大，俯察品类之盛"。

答案出来了，传说中的"水牢"其实子虚乌有，或者说以讹传讹，被误解了。治镜阁作为当时中国古典文化与藏传佛教的结合产物，不得不说，毁掉实在太可惜了。

十七孔桥是怎么修成的

十七孔桥是颐和园著名的景点之一，它桥长一百五十米，桥面上宽六米多，高七米，十七个桥洞，第九孔最大，位于中间，由中间向两边逐渐小下来，对称排列。整座桥给人一种雄伟高大、气势恢宏的感觉。

那么，这宏伟的景观背后到底有着怎样的神奇传说呢？十七孔桥是怎么修成的？

相传，乾隆年间，有许多能工巧匠被请来修十七孔桥，他们很勤奋地一斧一凿地从房山开采汉白玉，然后一步一步地流着汗水运回到颐和园。有一天，修桥的工地上来了个不修边幅、七八十岁的老石匠，他背着个工具箱子，边走边吆喝着卖"龙门石"，工匠们看他那脏兮兮的样子，都认为他是疯子，没人理他。老石匠在工地上吆喝着转了三天，仍旧没人理他，于是背着工具箱离开了工地。

走到六郎庄的一棵大槐树下面时，他没有继续走下去，而是在那里安营扎寨，晚上和衣而睡，白天鸡叫头遍时起身，抡起铁锤，叮叮当当地不断凿那块所谓的龙门石。一天晚上，突然下起了大雨，风吹得老石匠都张不开眼睛，于是他双手抱头，蹲在树下躲雨。这时候，一位姓王的大爷正好路过，看老头可怜，就让他搬到自己家去住。

老石匠在王大爷家有吃有住，整整一年的时间，他仍旧不停地凿

山水园林

他的那块龙门石。有一天，他对王大爷说："我要走了，这段时间承蒙你的照顾，你的大恩大德我无以为报，就把这块石头留给你吧。"王大爷瞅了眼那块汉白玉的龙门石，对他说："就别说报答的话了，为了这块石头你劳累了那么久，还是自己留着吧，我要它也没用。"老石匠说："可别小看我这块石头，到了紧要关头，花一百两银子都买不到呢。"说完，背上工具箱，顺着大道往南走了。

就在颐和园的十七孔桥工程临近完工之际，乾隆帝突然下令要来"贺龙门"，正在这节骨眼上，桥顶正中间的那块石头怎么也凿不好，这可急坏了当时的工程总监。这时候有人突然想起当初吆喝着卖龙门石的脏老头，总监听了，马上派人四处找他。后来，工程总监打听到六郎庄的王大爷家，到王大爷家一看，那块龙门石的尺寸、薄厚与拱桥需要的玉石分毫不差，似是专门为修拱桥雕磨的一般，于是，和王大爷商议后，花一百两银子买走了。

就这样，颐和园的十七孔桥顺利完工，可谓普天同庆。后来工人们醒悟过来，当时的脏老头应该就是鲁班爷下凡，来帮他们修桥的。故事虽然荒诞不经，但正是这听上去有模有样的传奇故事，赋予了我们对经典的敬畏，对古迹的珍惜。

玉澜堂前母子石的来历是什么

光绪帝是清朝的第九个皇帝，本是慈禧的侄子，慈禧的儿子同治帝早亡后，她为了名正言顺地掌握实权，于是立自己妹妹的儿子载湉（光绪帝）为帝，实行垂帘听政。光绪帝亲政后，支持维新派的政治立场，赞成维新派代表人康有为、梁启超等人的戊戌变法。这一点与慈禧所支持的宫廷保守主义产生了激烈的冲突。

变法失败后，光绪帝被慈禧软禁在南海的瀛台岛上。每当慈禧回到颐和园时，就把光绪软禁在颐和园的玉澜堂，为了严密控制光绪帝的行踪，慈禧命人在玉澜堂前后增修了不少砖墙（现已拆去不少，除东西配殿外其他已恢复原样），门口还派太监把守，总之当时的玉澜堂被全面封闭起来，就像一所监狱，将光绪帝完全禁锢在里面。

就在玉澜堂前的院子里，有一对守门的石头，连同底座高约两米，这本来是两块极其普通的石头，然而，却因是慈禧太后特意从香山静宜园移到这里的，才有了特殊的意义。或许两人各有自己的会意，但因两人的纠葛，这两块石头被后人唤作"母子石"。

传说这两块石头大的一块像老人，小的一块像孩子，老人扭过头来看着自己的孩子，以为警示。这是慈禧太后的用意，旨在批判光绪帝不念母子之情，忘恩负义，同时警示光绪帝做事要严格遵守自己的训诫。

另一说法，说光绪帝因遭囚禁心中不爽，对慈禧态度强硬。导致慈禧说他不孝，心比石硬。而光绪帝说慈禧心肠狠毒，对自己的孩子都不留情，还不如一块石头。

总之，这两块普通的石头正是因为这样的故事才闻名于世，留给后世对错难判的唏嘘。

为什么要在万寿山上建佛香阁

在颐和园的万寿山上矗立着一座宏伟的建筑——佛香阁。佛香阁高三十六米，八面三层四重檐，上中下层分别题有"式延风教""气象昭回""云外天香"，由八根坚硬的铁犁木柱支撑，内部结构复杂，精美绝伦。外面环山绕水，气势超群。背靠智慧海，面对昆明湖，佛香阁如众星捧月般被各个建筑群包围在中间，气势超然不凡。

那么，如此宏伟绝妙的景致是何时建立的？建立的目的是什么？为什么要在万寿山建立佛香阁？

山水园林

传说在乾隆年间，乾隆帝为了给母亲作寿，命人在此建筑九层高的延寿塔。一方面为表孝心；另一方面想要通过延寿塔的建立将三山五园联成一体，建立一座兼具东西方特点的皇家园林主体建筑。可是宝塔刚修建到第八层，乾隆帝突发一道圣旨，将之前建好的八层全部拆掉，改建成了如今的佛香阁。

那么，是什么原因导致乾隆帝改变主意，改延寿塔为佛香阁的呢？

有人说，延寿塔建完第八层后，乾隆帝发现其建筑效果与自己想象中的完全不符，于是命人全部拆了，改建成了佛香阁。

也有人说，当时的京西一带，建的塔太多，延寿塔的建立可能会产生塔影重叠，为了避免此种情况的发生，乾隆帝无奈命人拆除。

另外，还有一种相当玄乎的说法。传说，当年乾隆帝觉得这是块宝地，应该在上面建造一处绝妙景致。但在准备动工之前，有人说，此地段的下面有一座前朝时期某王妃的墓地，不宜动土。乾隆帝自视九五之尊，没有理会，命人继续开工。果不其然挖到了一个古墓，最可怕的是，墓门里面赫然写着"你不动我，我不动你"八个慑人的大字。这一点确实吓到了当时的乾隆帝，为防不测，乾隆帝放弃了建塔的想法，命人在万寿山上建了一个阁，希望能够镇住那个王妃不冥的灵魂。于是，便有了如今的佛香阁。

据说佛香阁内供着接引佛，每月望朔，慈禧都会到那里去烧香礼佛，更添佛得阁的传奇异趣。

三海之首——北海公园

位于北京市中心的北海公园，与中海、南海合称三海，属中国古代皇家园林。作为辽、金、元三朝的离宫，明、清两代帝王的御苑，北海公园是现存最古老、最完整的皇家园林，被列为全国重点文物保护单位。那么，这一古典皇家园林里面到底有哪些新奇的古迹？这些古迹的背后又有着怎样的传奇故事呢？

北海公园的建造是否源于一个古老的神话

北海公园历经辽、金、元、明、清五代的扩建，逐渐形成了如今我们看到的格局。湖面开阔、松柏苍翠、梦幻绚丽、犹如仙境，北海公园最初的建院设计构思就是根据我国古代神话故事中的仙境制造的。

传说，战国时期渤海东面有三座仙山，分别是"蓬莱""瀛洲""方丈"，据说山上住着藏有长生不老药的神仙。所有的人都对这个传说深信不疑，可惜没有人真正找到过。

221年，秦始皇统一六国后，派方士徐福等人带领数千名童男童女浩浩荡荡地渡海去找"仙山"，寻找长生不老药，可惜几经长途跋涉仍旧无所获，于是便下令在兰池宫建了百里长池，筑土象征蓬莱山。

到了汉朝，汉武帝也动了长生不老的念想，几经周折不见仙山后，下旨在建章宫挖了一个大水池，命名"太液池"，用挖池的土在池中堆

砌三座小山，象征蓬莱、瀛洲、方丈三座仙山。

从此以后，历代的皇帝都在宫殿附近建造"一池三山"，一则代表对中国传统观念、历代先朝祖辈的敬意，二则代表对江山永固、长命百岁的期许。而北海也是继承这个传统建立的。

不仅如此，北海公园中的许多景致都有着仙境般的典雅气质，如琼华岛上的亭台楼阁，神人庵、吕公洞、金铜仙人、承露盘等传说中的仙道景物等，无处不彰显着承载神仙宫苑幻想意境的高超艺术。

总之，以神话故事为基点建造的北海公园全园都富有浓厚的幻想意境色彩，以琼岛为中心，与周围环山遥相呼应，亭阁楼榭隐于丛山之间，错落有致，气势连贯，宛若人间仙境，神秘多端。

铁壁影上是否记载着一段龙的传说

在北海的北岸有一座高 1.89 米、长 3.56 米，样子很特别的影壁。因为深赭色的外观，乍看上去好似铁铸的一般，所以人们管它叫铁壁影。

其实这座影壁并非铁柱，而是火山岩浆凝结成的一种矿石，原来也不在北海公园，而是 1946 年从健德门（今德胜门）外的一座古庙前移到北海的。这座影壁身上有着一段关于龙的传说，或许这段故事可以解释影壁的来历。

传说在很久以前，苦海幽州有两条龙是夫妻，后来他们变成一对老夫妇，在北京定居并过上了安闲的日子。北京建筑了城墙之后，西北风刮得特别厉害，几乎每天都是尘土飞扬，给北京城添了厚厚的一层土。这对老夫妇担心长此以往，会把北京城埋掉，因此发愁了很久。

后来，风力不仅没减，反而越来越大，甚至出现了把人、牲口吹到天上的情况。夫妻两人听说后就更着急了，于是决心到外面一探究竟，看看到底是何方妖孽作祟，祸害百姓。因为是西北风，两人一路顺着西北方向寻去，一路上倒也没什么异常。

二人走到西北城角后往东一拐，就来到了北门（元朝时的健德门）。在那里，他们瞧见在墙根底下坐着两个人，一个是个五十多岁的老婆婆，一个是个十五六岁的小男孩。只见两个人都穿着土黄色的衣服，手里各拿一条黄色口袋，浑身上下都布满了土，一个往口袋里面装土，一个往口袋里面装棉花，嘴里嘟囔着要埋掉北京城的话。

夫妇二人终于明白祸端的来由，原来老婆婆是负责刮风的风婆，小男孩是负责布云的云童，他们抱怨北京修筑城墙挡住了他们的去路，正合计着如何土埋北京城呢。夫妻二人念及北京城内还有许多人命，便幻化作两条巨龙与他们厮打了起来。急招之后，风婆婆见拼打不过，拉上云童一路向北逃走，两条巨龙也紧追不舍地跟了上去。

从那以后，北京城里面风少了、沙少了，灾难也少了。后来，人们为了纪念龙公、龙婆的大义凛然，铸造了铁影壁，在两面各铸一条龙（其实铁影壁上的花纹原型是麒麟，并非龙，人们只是从麒麟的鳞甲联想到龙）。

北海公园

山水园林

正是有着这样的故事，后人们相信这座铁影壁是有神力的，可以挡住风沙，保佑京城的平安。于是，每次遇到风沙"作怪"都将此影壁搬到德胜门的那座庙前面，以期挡住风沙。这也就是为什么北海的铁影壁是移自德胜门的缘故了。

九龙壁上的龙真有灵性吗

北海九龙壁建于清朝乾隆年间，其高 5.96 米，厚 1.6 米，长 25.52 米，壁上除嵌有山石、海水、流云、日出和明月之外，顾名思义，还嵌着九条醒目的戏珠蟠龙。其实，如若仔细观详，会发现九龙壁上不只九条龙，还有飞脊、垂脊、勾头、滴水等处都有大大小小的龙，加上云雾中若隐若现那些，数量达 633 条。

这处奇观的精妙之处自不必讲。有意思的是，竟有传说九龙壁上的龙是有灵性的，有人看到第九条龙动起来过。这就未免有些令人费解了，九龙壁上的龙真的有灵性吗？

一切的说法来自一本名为《前清旧王孙南北看》的书，书上提到，乾隆二十一年的一天，北海九龙壁前佛光普照，空场上摆放着香案、香炉，香案前有一黄色的蒲团，一高僧端坐在蒲团之上，数百人在虔诚观看，一派庄严肃穆的景象。原来，西藏密宗高僧正在给九龙壁开光。当满天祥云缭绕、晚霞映红了半边天际时，奇迹出现了。有人把手帕丢到第九条龙的头部，就见此龙通了灵性，龙眼、龙须都动了起来，吸着手帕不放，仿佛要从壁上腾飞到天空。

其实，九龙壁上的龙并没有灵性，第九条龙也不会动。之所以会有这样的传说，还要归功于一种叫作七彩琉璃瓦的东西，七彩琉璃瓦色彩鲜艳，不易褪色，加上正午阳光斑驳，光影交错，光的反射作用还真的能让观看的人产生错觉，栩栩如生的九条龙仿佛真的会飞起来，腾云海上，活灵活现。

龙，是我们汉民族敬奉的图腾，有着吉祥雄伟的寓意，远古时期人们敬畏自然、崇拜神力，于是创造出了这个既神秘又神圣的形象。我们希望它有灵力，能够保佑中华大地风调雨顺，国泰安康。这一方面是我们的美好愿望，另一方面是北海九龙壁的精湛工艺给了我们幻想，不得不为此折服，虚幻的背后也给了我们身为中华儿女的无限荣光。

小西天真的是极乐世界吗

小西天，又名极乐世界殿，位于北海公园的北岸、五龙亭的西北，是亚洲最大的古代方阁式建筑。传说这一建筑是乾隆帝于乾隆三十三年（1768 年）为了庆祝孝庄皇太后六十岁生日建造的。

如此来历非凡、名字非凡的宫殿想必也绝非池中之物，那么这座被唤作小西天的宫殿到底是什么样的？真的是传闻般的极乐世界吗？

小西天的殿外四周环水，各个角度都能倒映在水中，足见其景致的华丽壮观。另外，小西天四面的汉白玉石栏可将其与四方建筑贯穿，四面高大的三洞四柱、彩色琉璃牌坊与水池外围的宇墙相连。整个建筑布局犹如佛教圣殿的仙境，可谓极乐之巅。

这座大殿由八十八根极粗的柏木和金丝楠木支撑，高二十八米，每根柱子上刻着许多小金龙，四角攒尖的殿顶覆盖着黄色琉璃瓦，顶尖有一个巨大的铜铸镏金宝顶，象征太阳，在阳光下闪闪发光。

小西天的殿前有一条不足百米的月牙河（因形状像月牙而得名），这条河与小西天的宝顶形状相对，一个代表月亮，一个代表太阳，取日月相对，如月轮回之意。

大殿内外都是金龙合璧彩绘，殿内正中间建有一座彩色的极乐世界山，山上塑有阿弥陀佛和两百余尊菩萨和罗汉，不仅如此，山上还装

北海公园小西天

饰着古塔、寺庙、花草、古树以及缭绕的云雾，总之都是按传说中的西方极乐世界一样制造的情景。大殿正中间匾额上的"极乐世界"四个大字，据说是乾隆皇帝御笔亲题的。另外小西天牌楼上的"震旦香林"也是乾隆皇帝亲笔所题。

在方殿顶部中央的天花藻井上，刻着一条口含宝珠的坐龙，周围环绕四十八条行龙。外围还有两千四百八十条彩绘金龙。据说，殿内原来还有代表"天堂、人间、地狱"三境的木质雕塑"须弥山"，只是都不幸被毁。

小西天，这座宏伟的建筑，它的存在，不管是不是极乐世界，都为中国精湛的传统工艺及对佛教的重视礼遇留下了浓墨重彩的一笔。

铜仙承露盘是根据什么典故制造的

在北海公园内的琼岛北山腰处，有一个铜铸的仙人双手托着玉盘立在蟠龙柱上。传言，这位仙人正在承接甘露，以便为帝后调制可以延年益寿的仙药。那么，这位仙人到底是谁？铸造铜仙承露盘的背后又有着怎样有意思的故事呢？

传说，汉武帝刘彻对一种说法深信不疑，那就是饮服神露，可以让人长生不老。于是他下令让人在长安建章宫内建造了高六十七米的神明台，神明台上铸造了个双手捧铜盘的铜仙人，希望用这种方法可以获得神仙赐予的仙露。

没想到几天过后，铜盘内竟然"奇迹"般出现了露水。汉武帝如获至宝般将承接下来的露水交由方士，让方士将露水与美玉的碎屑调和成长生不老药并服下，当时的汉武帝真的认为自己从此就能长生不老了。可惜在八十七年饮服"仙露"的汉武帝还是死了。

其实，当时铜盘里面承接到的水滴并非仙露，而是由于早晚温差凝结在盘中的水蒸气。由于当时科学不发达，汉武帝又对仙露之事深信不疑，所以真的就把这些在高空凝结的水滴当成了仙人赐赠的灵丹妙药了。

虽然"仙露"并没有让汉武帝长生不老，但是铜仙承露盘的铸造仍旧有着特殊的历史意义。当年的承露盘如果能够保存下来，应该会更加难得吧，可惜，汉朝灭亡后，曹操的孙子曹睿，也就是当时的魏明帝下令将承露盘从长安迁至洛阳，承露盘在搬迁过程中受到损坏，破损的零件也不知所向了。

历代君王都希望自己能长命百岁，即使不能实现，也都心存美好的希望。清朝时，乾隆帝正是仿照汉武帝的做法，才命人在琼岛顶上铸造新的青铜仙人承露盘雕像，希望自己长命百岁，希望江山社稷不颓。

山水园林

层林尽染——香山公园

香山公园建于金代，位于北京西北郊，是一座文物古迹颇多、极具山林特色的皇家园林。历年来，“红叶红满天”的名号吸引着无数的游人纷至沓来。那么香山的名字是如何而来的？那层林尽染的奇观背后又有哪些耐人寻味的故事呢？

香山公园的名字是怎么来的

连绵苍翠的香山公园，从建立至今已经有八百多年的历史，那么，香山的“香”出自何处？香山的名字是怎么而来的呢？

第一种说法，海拔五百七十五米的香山上有一块巨大的钟乳石，这块钟乳石形状特别像香炉，每日早晚或者阴雨天气，都有云雾缭绕其中，远看好似香炉中的烟袅袅升起，人们管它叫“香炉山”，简称香山。

另一种说法，说香山的名字起源于佛教。当初佛教传入中国时，许多有佛教寺庙的高山被称为“香山”（释迦牟尼出生地附近有座山叫香山，曾携众弟子在香山修道）。明正统六年（1441 年），太监范宏出资扩建此处的一座规模很大的“大永安寺”，因属佛教寺庙，于是奏请皇帝敕赐“香山永安禅寺”这个名字，简称“香山寺”，这座寺庙所依傍的高山也就成了名正言顺的“香山”。

第三种说法，香山的名称源自园内沁人心脾的杏花香。传说在很久

以前，香山附近住着一位石匠，石匠家中一贫如洗，每天过着食不果腹的日子。有一次，石匠上山砍柴时在路上遇到了一位老神仙，老神仙见他可怜，于是赠给他两颗杏子吃。石匠吃完杏子，将杏核种在了山上，没想到多年以后，竟有几万株杏树种满了漫山遍野，每到杏花开放的季节，更是飘香四溢，沁人心脾。就这样，满山飘香的杏花山被后人唤作"香山"。当然，如今的香山上不只有杏花，漫山遍野的丁香、海棠、玉兰、牡丹，无一不竞相开放着，成就了名副其实的"香山"。

不仅如此，为了将"香"字归于正统，近年来，香山公园的建设方针从来不离开"香化"。修缮香雾窟、移植芳香植物、补修香式建筑等，总之，进了香山公园，人们在眼花缭乱的同时，还能享受到不一般的嗅觉盛宴。

曹雪芹为何说香山五行缺水

据说，香山附近有一个正白旗村，村子里面有一处院子是曹雪芹的祖居，曹雪芹晚年窘迫之时回到这里，在香山脚下的石桥附近盖了四间土房，一直住到离世。当时附近的许多居民非常照顾他，所以他常常到一个叫"退翁亭"的茶馆（兼卖酒菜）里面赊账。

退翁亭里有个叫马青的小伙子，经常在曹雪芹赊酒赊菜之时偷偷地塞一些小菜或者烧饼给他。有一次，那个叫马青的小伙子病得厉害，略懂医术的曹雪芹用几把泛青的野芹菜救了他一命，从那以后，人们都开玩笑说曹雪芹是华佗再世，曹雪芹也因此救了不少人，并给自己起了"雪芹"的名号。

乾隆帝在征服大小金川后，为了炫耀国威，命人在香山找了一块宝地，建立了一支"特种部队"。选来选去，钦天监的阴阳师选中了香山脚下的凤凰山，这就意味着凤凰山两侧的汉族居民要在限期内拆房搬

迁。这可急坏了住在附近的百姓，祖祖辈辈在此住了那么多年，要迁到哪里去呢？

曹雪芹一向爱打抱不平，仔细观摩后，了解到乾隆之所以选择这个地方是看中了此处"凤凰展翅、神龟长寿"的虚名，于是拿着自己题画的"龙凤图"找到工程总监说："香山确实是块宝地，但是五行缺水，山缺水则林不茂，林不茂则鸟不生，凤凰山缺水凤凰怎么能展翅高飞呢？再则，山缺水则龙必困，这是不祥之兆啊！"总监老爷听了这话，脸色吓得铁青，忙让曹雪芹指点。曹雪芹一本正经地说："汉民的汉字偏旁是三点水，若是让他们外迁，则是香山之水外流，依我之见，可将散居的汉民并进各村，两满夹一汉，偏旁之和就成了九点水，九者多也，水多了，香山的风水自然也就保住了。"

正是曹雪芹如此的一番侃侃而谈，为当时香山一带的汉民保住了家园，最后的八旗营盘也是按照曹雪芹的"龙凤图"设计格局修建的。

碧云寺后面的观棋台上有着怎样的传说

传说，如果站在香山碧云寺后面的空地上，会看到一块悬在半空的石头，更奇特的是，隐约有两个和尚在这块石头上下棋，所以人们将这片空地称作观棋台。而对这个观棋台的解释，还有一个有意思的传说。

金代皇帝完颜璟特别喜欢西山的景致，所以时不时地到这一带游玩，兴起之时还会封景留名。有一天，他站在这块空地上观景，突然看到对面的悬崖之上，云雾缭绕之中有两个人坐在半空的石头上下棋。怎么可能有石头悬在半空中呢？为解心中疑惑，他命令几个身体灵活的随从爬上悬崖一探究竟。

约莫过了半天的时间，那几个随从回报说："我们顺着小路往上爬，快爬到山顶的时候遇到了一个山头，山头向东边的深谷方向延伸出了一块大石头，这块石头上不接天，下不接地，正悬在空中。石头上坐着一老一少两个和尚，他们正在下棋。"

完颜璟听了一时兴起，便携众人亲自前去，想要跟两个和尚切磋一番。老和尚见来人阵势浩大，心想肯定不是俗人，便推却道："贫僧今日得闲，才与小徒消磨时辰，哪里敢和施主对阵？"几经推辞不得，老和尚无奈只能跟完颜璟对阵一番。两人商议三局为限，如果完颜璟输了，就捐重金修寺，但不能把修寺的缘由刻在寺碑上；如果老和尚输了，就要答应对方在此立碑，刻上对方赢棋之事。

老和尚听了，虽不知对方身份，却了解到对方是爱面子的人，害怕输了被嘲笑，又想着赢了天下皆知，于是说："这样吧，你先和我的徒儿下两盘吧，他若输了，就算我输。第三盘咱们再一起下。"完颜璟没想太多就答应了。其实老和尚在耍心眼，如果对方是个高手，先摸清楚对方的招数，省得自己丢面子。

两盘结束后，完颜璟和小和尚不分上下，各赢一盘。而此时机关算尽的老和尚早就看清楚了对方的招数，于是轻而易举地赢了完颜璟。完

香山公园

山水园林

颜璟垂头丧气地下了山。当然，老和尚清楚地知道，对方的显赫身世是得罪不起的，因此很快就带着小徒儿逃走了。

虽然一场对弈没有结局，但古人的遗迹总是承载着太多神秘的意义。日子久了，那处虽再无和尚、再无棋，然而人们却记住了这段传闻，记住了这台叫"观棋台"，这块石头叫"棋盘石"。

梅兰芳的名字为什么会出现在梅石上面

在香山朝阳洞的台阶上有一块巨大的石头，这块石头两米见方，巨大的"梅"字下面刻着"兰芳"两个小字。毋庸置疑，这块石头的存在肯定与梅兰芳先生有关，那么梅兰芳和这块所谓的"梅石"背后到底有着怎样的故事呢？上面所撰文字是不是梅先生真迹？

梅兰芳，中国著名的京剧大师，生平酷爱携友人到香山游玩。每次到香山，都会下榻在身为静宜园二十八景之一的雨香馆。1922年的春天，二十九岁的梅兰芳跟几位友人在此游玩时发现，有一块大石头上没有刻字，面对此情此景，梅先生一时兴起，豪情万丈之下，在巨石上写了一个高一米九五、宽一米九的"梅"字，并在下方署名"兰芳"。

不久，香山公园的主管熊希龄找到梅兰芳，说他不该未经同意就在石头上自行刻字，谈到罚款的问题，熊希龄半开玩笑地说："我们可以不收钱，但您要给香山慈幼院办一次募资义演。"梅兰芳很爽快地答应了，没过多久，便在香山饭店搭舞台演出了一场《宇宙锋》，并将募资到的钱全部捐给了香山慈幼院。

这块梅石上除了梅兰芳先生题写的名字外，右下角还有同行者李释戡（诗人、梅先生的编剧兼好友）的题记："壬戌三月二十有四日，肃紫亭、齐如山、梅兰芳、王幼卿、李释戡同来，兰芳写梅，释戡题记。香山游者虽多，未必遂登此石，亦足以自豪矣。"题记均为繁体，竖行书写，没有标点，题记下面清楚地刻着"李"字印章。

后来，当时的剧作家、也是当时和梅兰芳一起的同行者齐如山特地请工匠在题记下面刻上"齐如山监制"五个小字，以此纪念这次值得自豪的游历。也正是因为如此，有人将此故事唤作"五君子刻石"，将此石唤作"梅石"。

就这样，这块刻有"梅"字的巨石历经百年风雨，仍旧完好无损地屹立在百花丛中，而梅先生的豪情壮志、隐忍坚定也通过这个"梅"字给香山公园平添了很多难得的人文气息。

都门胜地——陶然亭公园

陶然亭是清代名亭，现为中国的四大历史名亭之一。康熙年间，盖在慈悲庵里面，难道"陶然亭"真的是取自唐朝诗人白居易诗句"更待菊黄家酿熟，与君一醉一陶然"里的"陶然"二字吗？慈悲庵为什么会成为革命志士进行秘密集会、革命活动的场所？又是谁最先在这里进行革命工作的？

陶然亭的名字是不是取自白居易的诗

陶然亭公园，位于北京市南二环陶然桥西北侧，是以北京城南隅的燕京名胜陶然亭为中心规划设计而修建的一座城市园林。1952年建园，它是新中国成立后，北京最早兴建的一座现代园林。其地为燕京名胜，素有"都门胜地"之誉。园内著名的建筑有慈悲庵、陶然亭、文昌阁等。秀丽的园林风光，丰富的文化内涵，光辉的革命史迹，使它成为旅游观光胜地。

陶然亭是清代名亭，现为中国的四大历史名亭之一。据说"陶然亭"的名称，始于清代康熙年间。

康熙年间，慈悲庵原来是一座古庙，明、清两代，这一带曾设窑厂。康熙三十四年（1695年），康熙命工部郎中江藻监理窑厂，担任窑石监督。于是江藻在窑厂附近的古庙慈悲庵内盖了三间厢房，作为自己的休息室，并取唐朝诗人白居易诗句"更待菊黄家酝熟，与君一醉一陶然"里的"陶然"二字，为自己的休息室取名为"陶然亭"，这就是陶然亭名称的由来。后来此亭还成为京城中的一处胜地，陶然亭公园因有"陶然亭"而出名。

悬挂在陶然亭山门檐下金字木匾上的"陶然"二字是江藻亲手所写，并作了《陶然吟》。江藻所撰的《陶然吟》被镶刻在陶然亭南壁上。

陶然亭建成后，江藻常邀请一些文人墨客、同僚好友到陶然亭上饮宴、赋诗。这座小亭颇受文人墨客的青睐，便成了文人墨客"红尘中清净世界也"，被誉为"周侯藉卉之所，右军修禊之地"，也留下许多传诵一时的诗篇。清朝诗人龚自珍在清王朝科举中落第后，在陶然亭壁上题写了"楼阁参差未上灯，菰芦深处有人行，凭君且莫登高望，忽忽中原暮霭生"。

慈悲庵与中国革命有什么渊源

慈悲庵是建于元代的古刹，坐落于陶然亭公园湖心岛西南的高台上，又称"观音庵"，距今已有七百多年的历史。它山门向东，整个建筑布局严谨，瑰丽庄重。总面积为两千七百平方米，建筑总面积八百余平方米，庵内主要建筑有观音殿、准提殿、文昌阁、陶然亭等。

自清代以来，由于这一带富有自然风光，多年来一直成为士大夫、文人墨客聚会游览的地方，至今留下很多诗文作品。

在过去这里是文人墨客汇集赋咏之地，曾留下许多传诵一时的诗篇。但清末以后慈悲庵成为革命志士进行秘密集会、革命活动的场所。

自清末以来，康有为、梁启超、谭嗣同等人曾在慈悲庵计议变法维新；民国初年，孙中山来北京，在慈悲庵参加过集会。在近代，特别是五四运动以后，李大钊、毛泽东、周恩来等老一辈革命家曾先后在此进

山水园林

行革命活动。

1920年1月18日毛泽东与邓中夏、罗章龙、萧三以及在京的"铺社"成员集会于慈悲庵，共同商讨进行驱逐湖南军阀张敬尧的问题，会后曾在慈悲庵山门外古槐下合影留念。

1920年8月12日上午，周恩来参加李大钊发动并领导的北京少年中国学会，以及曙光社、人道社、青年互助团五进步团体代表二十余人，为促进五四运动后涌现的各革命小团体之间的联合，在陶然亭北厅举行茶话会。李大钊、周恩来、邓颖超等参加了座谈，并发表了重要讲话。

1921年7月，李大钊为了方便革命活动，租下了慈悲庵的两间南厅，李大钊利用这两间南厅为革命者进行秘密革命活动提供了一个隐蔽场所。这里实际上已经成为中国共产党成立后建立的北方党组织的秘密机关。

1978年8月陶然亭被列为北京市文物保护单位，同年，北京市人民政府决定重修之，并设立陶然亭革命纪念馆，以保留古建原貌及近现代历史上进步人士和革命家在此活动的旧迹，成为具有纪念意义的革命

陶然亭

遗址之一。

1979 年 10 月，慈悲庵重修竣工后，恢复了李大钊生前在慈悲庵南厅工作时的原状和"五团体"在北厅开会时的会场布置原状，并将这两处厅房辟为常设纪念性展室接待观众。重修之前，慈悲庵山门外的古槐已枯死，为保留毛泽东与战友们在此合影留念的旧迹，园林工人移植了一棵与原古槐形状近似的老槐于此，十余年来，此槐枝繁叶茂、长势良好。

1986 年 9 月在观音殿设立"陶然亭园史陈列室"。其中"园史陈列室"是青少年革命传统教育中心。

纪晓岚的诗为什么会出现在文昌阁的签诗上

文昌阁坐北朝南，面阔三间（8.1 米），进深一间（4.4 米）。高约 10 米，总建筑面积为 83.28 平方米。阁前有一小方亭。楼上朝南一面有廊，可凭栏眺望。文昌阁木质的梁檩栋枋外露部分，以及亭、廊的天花板，都饰有彩绘，颇为华美，加之此阁虽小却颇具特点，因而，它虽无飞檐斗拱的造型，但危楼高耸，也颇觉飘逸灵秀。

古代科举时，文昌阁是科举制度的产物，直到废除科举制度之前，文昌阁一直是进京参加会考的考生们顶礼膜拜的圣殿。

文昌阁曾经供奉的是文昌帝君（又称梓潼帝君）和魁星，他们都是道教的神仙，但是为什么会在佛门圣地有一席香火之位呢？因为文昌帝君和魁星都是主管文章兴衰和功名禄位的，最受读书人的崇敬。

在古代封建时期，每逢三年就会有一届大考，全国的文人举子都会云集到北京，他们住在城南的会馆里，在复习之余也会游览一下美丽的北京城。

当时的北京城，除了店铺、寺庙就是皇宫，能让他们游览的场所非

山水园林

常少。而位于城南的慈悲庵就成了他们休闲娱乐的场所。

这些举子们在考试前，都会到文昌阁求签问卦，希望自己能得到上苍的保佑。考试结束以后还会有少数的幸运儿到这里来还愿，慈悲庵的僧人们为了使庵里的香火更加旺盛，在这里还举行了一次文昌签诗一百首的活动，每个诗签上都有一首七绝诗，据说是清代文人纪晓岚所写。僧人把这些诗写成"文昌灵签"，供来此问卜者抽签。

皇家憩地——景山公园

景山公园，俗称"煤山""万岁山"，位于北京市西城区景山前街，封建帝王常在此赏花、习箭、饮宴、登山。其实景山公园不仅是一座供游赏的皇家园林，还具有停灵、祭祖、躬耕、传播宗教等重要功能，曾是全城的制高点。后人发现，整个景山公园的航拍图酷似一个盘腿打坐的人像，这一发现引发了怎样的猜测？崇祯皇帝自缢景山公园背后的真相又是什么？

神秘的景山坐像背后有哪些猜测

20世纪80年代初，国家有关部门在航空测绘北京的建筑平面图时，意外发现景山公园的整体平面图酷似一个盘腿打坐的人像，人像慈祥富态，极其逼真形象地稳坐在北京城中心。这一惊人消息引起了相关专家学者及整个园林界的关注。

经过实地考察和详细辨认，景山坐像仿佛真的存在。景山北部的"寿皇殿"好似坐像的"头部"，两旁规则排列的宫殿、宫门形成坐像的"眼睛、鼻子和嘴"，两边对称的古木松柏正处"眉毛"和"胡须"的位置，而整座景山的建筑布局使得坐像的"肩""胸""手臂""盘坐的双腿"都清晰可见。远远看去，坐像面带憨容，细眯双眼，笑对整个天际。

山水园林

· 189 ·

景山公园四周的内外围墙，用近乎完美的黄金分割比例，组成了坐像的边框，整个边框面积二百三十平方米，如果这真的是一幅人像，那将是世界人像建筑史上的面积之最。

那么，景山的这个坐像到底是谁？

有专家推测，景山坐像是道教真武大帝的坐像。因为它与数年前在武当山发现的"紫霄坐像"极其相似，当年的紫霄坐像正是利用武当山紫霄宫的建筑群和周边地势结合的巧妙设计，才形成道教真武大帝的立体坐像。

传说，明朝永乐年间，明成祖朱棣认为是北方之神真武大帝帮他定都北京、坐稳江山的，为表感谢便命人在此修建了"景山坐像"。另有专家发现，在故宫中轴线的最北端，有一座建于明代永乐年间的宫殿，那里供奉着真武大帝的造像，可见当时确有供奉真武大帝的传统。

景山坐像到底是谁？是现实存在还是巧合？对此，专家学者们翻阅了大量的历史资料，也走访了许多清代后裔遗老，但至今还没有得到确切的答案。

崇祯帝是自缢还是殉国

在北京景山公园里，有一棵被称作"罪槐"的老槐树，树旁矗立着两座石碑，石碑上刻着"明思宗殉国处"，另一块石碑是前清翰林傅增湘作的《明思宗殉国三百年纪念碑》。据说，明朝最后一位崇祯帝明思宗就是用这棵树自缢而亡的。

但有细心的人发现，这里的石碑上最初刻的是"崇祯皇帝自缢处"，不知何时被改成了"明思宗殉国处"，前者只是交代了崇祯帝自尽一事，而后者却有着强烈的褒扬色彩。那么，崇祯帝到底是自缢还是殉国？他的死又给后人留下了怎样的影响呢？

崇祯十七年（1644 年）三月十七日，以李自成为首的农民起义军攻进京城，崇祯皇帝与贴身太监站在景山之上，远望着城外的烽火连天，只能哀声长叹。太监张殷劝皇帝投降。崇祯帝回宫写下诏书，交代完后事，便命周皇后、袁贵妃和三个儿子进宫，在他的指示下，周皇后和袁贵妃相继自缢而亡，另外，崇祯帝还亲手挥剑砍死了一个公主（长平公主虽断臂但性命得保）和众多妃嫔。

三月十九，李自成起义军杀入北京城，崇祯帝手持三眼枪与数十名太监骑马冲出东华门，不料被乱箭阻止；然后跑到齐化门，成国公朱纯臣闭门不纳；后来转向安定门，却见守军已将大门紧锁；返回皇宫在前殿鸣钟召集百官，竟无一人上前。

就这样，在濒临绝境、孤立无援的情况下，崇祯帝在景山的一棵歪脖子树上自缢身亡。时年三十三岁。

维持了二百七十六年的大明王朝也随之瓦解，作为明朝的第十六位皇帝，崇祯无论如何都料不到自己会成为亡国之君，尽管在他之前明朝内部的腐败已相当严重，外部后金的侵扰也逐步升级，但是自登基之日起，他励精图治、处置阉党，可算从未懈怠过。怎奈国家积弊已久，不管再怎么努力，终究没能力挽狂澜。

崇祯帝的死，对明朝的一些爱国士大夫们影响颇深，为后金入侵、击溃李自成树立了"旗帜"，从某种意义上，对清朝的建立、新纪元的开启有着积极推动的作用。

不管崇祯帝的自缢是不是殉国，都有着不苟且偷生的积极意义，所以才被后人加以纪念，反复提起。

山水园林

景山公园的万春亭为什么是方形

站在景山之巅的万春亭向南眺望，眼前是一片在阳光下闪耀着金色光芒的琉璃瓦和在其覆盖之下的紫禁城，蔚为壮观。

当年的帝王在紫禁城中面南而坐，君临天下。但无论坐什么样的椅子，有靠背的才坐得长久，心里似乎也更踏实。推此及彼，紫禁城也得有个"靠背"——即靠山，统治者觉着唯有如此江山才能稳固，这个靠山就是景山，如今成了景山公园。

绮望楼是建于乾隆十五年（1750 年）的建筑，曾经是供奉孔子牌位的地方，以示朝廷崇尚孔学。

从景山东麓拾级而上，分别经周赏亭、观妙亭而达万春亭；再从万春亭西向而下，经缉芳亭、富览亭抵公园西甬道，这五个亭子就是五方亭，每个亭子内都曾供奉有佛像，即五方佛。这山上五方亭供奉五方佛和山下的绮望楼供奉孔子牌位，说明当年的统治者认为，用佛学的内修和儒学的外治相结合治理国家才是紫禁城的靠山，才是江山万代永固的基石，才是国家的根本。

景山的五方亭中，周赏亭和富览亭是圆亭子，观妙亭和缉芳亭是八角亭，而矗立于景山之巅的万春亭，是占地面积最大的大方亭子，三重檐攒尖顶庑殿式的顶，金顶剪绿边，三十二根大红柱，与其他四个亭子相比较，为什么只有它的规制最高呢？

因为万春亭是方形，方是寓意事物发展的开始，创造万物的根基。这个方，就是法则、规律和基石，是不能凭小聪明而随意篡改曲解的法则、随意塑造改变的规律以及随意偷工减料的基石。

周赏亭和富览亭是圆亭子，这个圆形，寓意智慧圆通，变化无穷。但万变不离其宗，再变化，再玄妙，也要遵循规律、法则和基本功，不可能天上掉馅饼，凭空成就终极，无端圆融无碍。所以，无论是建筑的规制、建亭的位置，还是事理的逻辑，表意智慧和成就的圆形周赏亭、富览亭，一定要在表意戒律、法则、准绳、基本功的方形万春亭之下。所谓"天圆地方"，方是核心。方越方正，圆就越圆融。反之，方不正，则圆变形。

　　而介于方圆之间，八角形的观妙亭和缉芳亭则告诉我们，从基本功的方形初始到炉火纯青的圆形境界，必定有一个无法逾越的过程，说明就是打死老天爷，也得不到一蹴而就的便宜事儿！

社稷坛——中山公园

中山公园位于北京市中心故宫的南边，天安门的西面，原是清明两代的"社稷坛"，是皇帝祭祀土地神和五谷神的地方。国父孙中山去世后曾在此停放遗体，为了纪念孙中山先生，后来被改名为中山公园。既是祭祀土地神，就不得不提社稷坛中最为有名的五色土。那么，五色土的设计在古代中国统治者的眼里有着怎样的意义？中山公园又藏有哪些有意义的革命诗篇？

社稷坛铺设五色土的意义何在

中山公园里面的社稷坛始建于永乐十八年（1420 年），是明、清两代皇家祭祀土地神和五谷神的场所。这是一座用汉白玉砌成的三层方坛，自下向上逐层收缩，最上层 15.8 米，社稷坛面上铺着五色土。社稷坛的神秘和特殊用途不得不提醒我们思考铺设五色土的意义何在？

社稷坛里的五色土是依据五行学说中的五色一一对应的。黄色居中，象征最高统治者的核心地位；东西南北分别为青白红黑，也就是说皇帝周围的四个方向各有一个统治者辅助，坛上的五色土象征国土，每年祭祀之前，顺天府的官员都会换一次新土，新土由全国各地纳贡交来，真正印证了"普天之下，莫非王土"。

黑土象征北方的颛顼，由手持秤锤掌管冬天的水神辅佐。东北平原气候湿润寒冷，微生物懒于活动，土壤中的有机物分解较慢，所以土壤一般呈黑色。

青土象征东方的太嗥，由手持圆规掌管春天的木神辅佐。东北沿海地区常常出现排水不良或者长期积水的情况，导致土壤中红色的氧化铁容易被还原成青色的氧化亚铁，所以土壤一般呈青色。

红土象征南方的炎帝，由手持秤杆掌管夏天的火神辅佐。南方的气候高温多雨，在风化作用下，易溶于水的矿物质几乎全部流失，只剩下红色的氧化铁、铝等残留在土壤上层，所以土壤一般呈红色。

白土象征西方的少昊，由手持曲尺掌管秋天的金神辅佐。西部大部分为沙漠，土壤中的盐土或者碱土含有大量的镁、钠等盐类，土壤一般呈白色。

黄土象征居中的皇帝，由手拿绳子掌管四方的土神辅佐。我国黄土高原的土壤中有机物含量较少，一般呈黄色。

《左传》里曾有个故事：春秋时期，晋国的王子重耳率领贵族逃亡期间，非常饥饿，于是向一位在田间除草的老农讨食，农夫瞧不起一群四体不勤的贵人，于是只递给他一块泥土就走了。重耳见状非常生气，有个大臣劝说，这意味着上天恩赐土地，是好兆头。重耳突然醒悟，毕恭毕敬地将那块泥土放置车上，扬长而去。

历代帝王都最重国土，将国土看作最宝贵的皇家私产，看作立国之本。毕竟，民以食为天，土地是人们赖以生存的基础，更是一个国家彰显国力的宝贵财富。

"保卫和平坊"是中国近代历史的重要见证

在中山公园南大门内，有一座由汉白玉建造的石牌坊，正上方横刻有"保卫和平"四个字，人称"保卫和平坊"。据说这座牌坊改了好

山水园林

几次名字，最初的"石头碑楼"满载屈辱，在东单大街屹立了整整十六年，一直到 1918 年。

1900 年 6 月 20 日上午，清政府下令让外国人撤离北京，德国公使克林德从东交民巷坐轿到总理衙门交涉，走到东单北大街西总市胡同口，正好碰到清军神机营队长恩海带队在此巡逻，恩海要求克林德停轿检查，于是克林德在轿子里向恩海等人开枪，恩海还击，将克林德击毙。

1900 年 8 月 14 日，八国联军攻入北京，李鸿章和庆亲王奕劻被慈禧任命为钦差大臣，向列强议和，并将打死克林德的恩海交给德国人处置，恩海于 1900 年 12 月 31 日被德军杀害。

1901 年，清政府与列强签订了丧权辱国的《辛丑条约》。其中一条就是要求清政府派亲王赴德，向德国皇帝道歉，还要在克林德被杀地点建一座纪念碑。于是清政府派醇亲王载沣赴德向威廉二世道歉。回来后便开始找石料为克林德建造纪念碑。

纪念碑于 1903 年建成，是一座用汉白玉建的中式牌楼，牌坊上分别镌刻着德文、拉丁文以及中文，其内容是清廷对克林德的死表示惋惜、道歉的谕旨，牌坊竖刻有"克林德碑"四字。这个白色的建筑立在东单牌楼与东四牌楼之间，显得那么不协调，给经过战乱遭到破坏的北京城又增添了几分凄惨的景象，像一块巨石压在中国人民心上。

直到 1918 年第一次世界大战结束，德国沦为战败国，中国北洋政府当时参加了协约国对德宣战，属战胜国一方。消息传来，中国人立即拆毁了"克林德碑"，并将拆毁的石料运至中山公园，将原有文字磨掉，并重新组装竖立，且为了纪念第一次世界大战胜利，在牌坊正中的横额上镌刻"公理战胜"四字，从此人们就把这牌坊叫"公理战胜坊"。

1953 年，亚洲及太平洋区域和平大会在北京召开，会议决定将"公理战胜坊"改为"保卫和平坊"，"保卫和平"四个大字是由被选为和平大会主席的郭沫若先生题写的。一座石头牌坊，三段岁月沧桑。如今，这座曾让国人心痛的石头牌坊，是中国近代历史的重要见证。

中山公园内的建筑不是原有的吗

中山公园原为辽、金时的兴国寺，元代改名为"万寿兴国寺"。永乐十八年（1420年），明成祖朱棣兴建北京宫殿时，按照"左祖右社"的制度，改建为社稷坛。1914年辟为中央公园。孙中山先生逝世后曾在此停放遗体，为了纪念孙中山先生，1928年公园由北平特别市长何其巩等爱国人士改名中山公园。

中山公园是北京最早成为公园的皇家园林之一。在公园开放之前，对公园进行了大面积的整修，开辟了面对长安街的正门，凿开了东坛门的围墙，修成了月亮门的样式。

1915年以后，又在园中添建了河塘、叠石和其他建筑，社稷坛的戟门也被改为殿堂。1925年孙中山先生的灵柩曾停放在园内的拜殿。

在辟为中央公园后，除了保留社稷坛外，在公园内先后营造了松柏交翠亭、格言亭、蕙芳园等景观。此外，园内还有从各地迁移来的一些古建筑，有习礼亭、兰亭八柱亭、保卫和平坊以及河北大名古刹的石狮等，园中还安放了多块清代宫苑中的名石。

习礼亭是1915年从清代礼部衙门移来的，原建于鸿胪寺内，是各地初入京的文武官员和外国使臣朝谒皇帝习礼之地。

在唐花坞的西面，就是著名的"兰亭碑亭"与"兰亭八柱"，原为圆明园四十景之一，是1917年迁过来的。亭为重檐蓝瓦八角攒尖顶，立在中间的石碑上刻有"兰亭修禊曲水流觞图"乾隆帝的御制诗，八根石柱上分别刻着历代书法家临摹王羲之的兰亭帖，是珍贵的石刻文物。

南门外，一对雄俊的石狮系北宋遗物，是1918年从河北大名的一座古庙废墟中发掘迁移过来为中山公园守门的。

山水园林

皇家祈福祭祀圣地——天坛

作为明、清两代帝王祈福、祭祀的神圣之地，天坛以严谨的建筑布局、奇特的建筑构造和瑰丽的建筑装饰而著称。那么如此庄严神秘的遗址，它的存在到底有什么与众不同的意义？是怎样奇特的建筑构造使得中国文明再一次被世人瞩目？那传说中种种不可思议的景观又是怎么一回事呢？

天坛是按《周易》理念设计的吗

天坛建成于永乐十八年（1420年），当时名曰"天地坛"。后嘉靖九年因立四郊分祀制度，于嘉靖十三年（1534年）改称为"天坛"。

首先，古代皇帝和臣民崇拜天地的观念是从《周易》而来。

《周易·说卦》曰："乾，天也，故称乎父。坤，地也，故称乎母。"之后，《周易·序卦》曰："有天地，然后万物生焉。"也就是说，天地的阴阳二气交合才可化生万物，有万物才能有男女、夫妇、父子、君臣、上下、礼仪的存在，天地是万物的根源，所以，古人尊崇天地，敬重礼拜天地、按天地节气定期祭祖的礼仪制度。

其次，天坛是按《周易》先天八卦方位建造起来的。

古代的帝王为什么将天坛建在北京内城的正南方？其理论根据就是《周易》先天八卦图。按照先天八卦方位，乾为南。《周易·说卦》曰：

"乾为天、为圆、为君、为父"，这就是说乾为天，在正南，于是就按照先天八卦方位将天坛建在北京古内城的南方。

第三，天坛的建筑形象特点也是根据《周易》而来。

天坛的建筑形象特点为圆形，《周易·说卦》曰："乾为天、为圆。"这就是说，乾卦代表天，象征圆形，由于持有"天圆地方"的理念，古人认为天是圆融、变化的，大地是严谨、稳定的，按照周易这一原理，古代帝王为了更好地与天地感应，获取天地之神的佑护，于是就将天坛建成圆形，不仅如此，天坛内部的各个主要建筑也有许多圆形的设计，如祭坛圜丘平台、圜丘下的围墙、存放祖宗牌位的皇穹宇，祈年殿的地面和围墙、天坛整个外围围墙北部等，都运用了圆形的特点。

第四，天坛内涵的"数"也符合《周易》原理。

《周易·系辞》曰："天一、地二、天三、地四、天五、地六、天七、地八、天九、地十。"按照这一论述，一、三、五、七、九为奇数为阳数，二、四、六、八、十为偶数为阴数，阳数中最大的数为九，阴数中最大的数为十，其次为八。天坛为天为阳，故其内涵的数为阳数单数。因此，天坛的设计思路中，有许多与"九"有关或者与阳数有关的内涵数字。

天坛祈年殿

第五，天坛的坛门也是按《周易》的"元、亨、利、贞"命名的。

元、亨、利、贞是《周易》中乾卦之四德,《周易·文言》曰:"元者,善之长也;亨者,嘉之会也;利者,义之和也;贞者,事之干也。君子体仁足以长人,嘉会足以合礼,利物足以和义,贞固足以干事。君子行此四德者,故曰:乾,元亨利贞。"天坛内主要建筑圆丘周围的围墙有四个门,东门曰泰元门,南门曰昭亨门,西门曰广利门,北门曰成贞门,这四个门名称的第二个字组成元、亨、利、贞四个字。

第六,天坛比地坛大八倍也与《周易》有关。

《周易·泰卦》卦辞:"小往大来,吉、亨。"否卦卦辞:"大往小来。"《周易》认为,泰卦上卦为坤,下卦为乾,否卦上卦为乾,下卦为坤。乾为阳为天为大,坤为阴为地为小。所以天坛的面积比地坛大。

综上所述,我们可以肯定的是:天坛的建筑设计理念是依据《周易》阴阳、五行的传说,的确是中华民族几千年文化积淀的异世瑰宝。

天坛的建筑是数字的象征吗

我们知道天坛的设计严谨,其建筑理念与《周易》中的阴阳五行密不可分,因此,天坛在许多环节的设计考虑中,都灵活地运用了数字的象征意义,一方面取吉祥之意,另一方面也代表尊崇天地。

天坛为天为阳,古人认为"九"是阳数之极,"九"代表至高无上,皇帝是天子,天子应该是至高无上的。所以整个天坛都采用了"九"的倍数来代表天子的权威。

天坛分上、中、下三层,各层台阶数目都是阳数(即"九"的倍数),符"九五"之尊;每层的汉白玉栏板望柱,其数目均为"九"的倍数;坛面除圆形的天心石外,外围各圈扇形的数目也是阳数或者"九"的倍数;上层栏板七十二块,中层栏板一百零八块,下层栏板一百八十块，合计三百六十天周天度数，象征一年岁月的流转。

圜丘坛的坛面直径尺寸及坛台地面石的铺设，也取了"九"的倍数。如其上层坛面铺石从一九至九九之数；其直径又用了清尺九丈；其三层坛台直径之和为四十五丈（上层九丈，中层十五丈，底层二十一丈），正合"九五"之数；其每个层面的踏阶数也都设了九级。总之，处处都有代表皇家威严的九字渊源。

祈年殿采用了三重屋檐，祈谷坛与圜丘坛采用了三层坛台，"三"是中国古代天数的基本数，同样也是"天"的象征数字。祈年殿用二十八根楠木大柱和三十六块互相衔接的榜、桷，支撑着三层连体的殿檐。这些大柱有不同的象征意义：中央四柱叫通天柱，代表春、夏、秋、冬四季；中层十二根金柱，代表十二个月；外层十二根檐柱，代表十二个时辰；中外层相加二十四根代表二十四个节气；三层相加二十八根，代表二十八星宿；加柱顶八根童柱，代表三十六天罡；宝顶下雷公柱，代表皇帝一统天下。

偌大的一处圣地，怎能胡乱堆砌？天坛的神圣之处关键在于它恪守四时规律、不负天地洗礼、尊奉皇权威仪、沿袭传统文化。

天坛里真的有会说话的石头

有人说，假如站在天坛皇穹宇殿前的第十八块石头上说话，能听到各种奇怪的声音与你对话，这不可思议的事情吸引无数游客想要一探究竟。那么，天坛里面真的有会说话的石头吗？这块石头诉说着的是否是千百年来我们无从知晓的秘密？

其实，这块所谓的会说话的石头，其作用的原理是声学的反射原理。在天坛，有四处景观都有类似的效果，分别是天心石、回音壁、皇穹宇对话石和三音石。

山水园林

在天坛圜丘中心有一块圆形石板叫天心石，站在天心石上说话，会听到似来自地心，又似来自天空的深沉回响，若在天心石上击掌，还可以听到三声回音。因为天心石在圜丘坛的中心，而圜丘坛周围除了有三重石栏包围外，还有两道逆墙。声音由天心石传到石栏和逆墙后受阻，于是同时向天心石反射。就这样，受圜丘坛半径局限，声波反射时间段、声波震动大，就出现了前面讲到的情况。

回音壁就是皇穹宇的外墙，由于墙面建造得规则平整，声波在传递过程中声音损失小，折射规则，是很好的声音载体，所以，只要对着墙说话，无论声音多小，即使隔着四五十米，也可以清楚地听到对方的声音。而且声音绵远悠长，给人一种天人感应的感觉，神奇之处无法言喻。

三音石位于皇穹宇大殿的正前方，站在第一块石头上能听到一次回音，站在第二块石头上能听到两次回音，站在第三块石头上能听到三次回音。后来人们取义天、地、人三才之意，又称之为"三才石"。击掌都会有回声，之所以会有这样的奇妙现象，是因为第三块石板与殿门及殿内神龛上面的殿顶排列形成一个直角三角形，声波沿直线传到殿内，碰到殿壁和殿顶后再返回殿外。第三块石板位于垣墙的中心，声波传播的距离不同，所以才会听到次数不同的回声。

站在皇穹宇甬道前的第十八块石板上，可以与相距三十六米之遥的东北角或西北角上的人清楚地对话。这也是由于皇穹宇围墙光滑周密，声音不仅不被墙体吸收，反而进一步反射传导的独特声学现象。

栩栩如生的九龙柏有着怎样的神奇传说

在天坛回音壁的西侧有一株年六百余岁的大柏树，这棵柏树的与众不同之处在于，其树干纹理独特，间有褶皱，树身分九股，似是九条龙盘旋缠绕，其栩栩如生之态苍翠挺拔、雄姿焕发、出神入化。

不管是历经年代久远的洗礼，还是沧桑岁月的痕迹，总之，这棵奇树的姿态，总能让人产生无限的遐想，敬畏这幅尊荣的辉煌。

那么，这棵古老的柏树背后有哪些神奇的传说呢？

传说人间的皇帝祭天感动了上苍，于是玉皇大帝御赐神树九龙柏给天坛，九龙柏能治病、能送子、能保佑病人早日康复，因此备受游人的信赖和崇拜，游人们对它寄予了厚望。

另一种说法，九龙柏当年只不过是一棵普通的柏树。在大清乾隆年间，有一年春夏交接之季，京郊大旱，甘霖久盼不至，百姓心急如焚。于是爱民如子的乾隆帝亲身赶往天坛进行雨祀，祈求上天赐雨。

天坛九龙柏

祈雨大礼结束后，置身仍旧晴空万里的圜丘大殿，乾隆帝开始有些焦急。心想是否需要召集百官，再次隆重雨祀。他边走边想，一不留神走到了皇穹宇琉璃门前，正值有些倦怠，想要到西配殿后面休息之时，忽然听到后面窸窸窣窣蠕动的声音，怕是有刺客，于是忙命随行官员查看，不料竟发现九条小蛇正扭打在一起嬉戏。官员怕惊扰了圣驾，马上奏请乾隆治罪。乾隆帝听后，心生怜悯，说赶走便是。随从们听令后一起驱赶，可谁知小蛇们不但不走，反而抱作一团原地打起转来。没过多久，天空暗了下来，几条小蛇腾空而去，天空雷声隆隆，顿时大雨倾盆而至，随从官员马上把乾隆帝送回斋宫躲雨。

据说那场雨一连下了半月有余，庄稼得救了，百姓们欣喜万分。大雨过后，那生长在回音壁院墙外西北角的大柏树树干上，出现了扭曲盘绕状的九条纹龙，后来的人们就把这棵古柏叫作"九龙柏"。

山水园林

圜丘坛是一个神童修建的吗

　　乾隆十四年（1749 年），天坛的圜丘坛经历了一次大规模的扩建。今天我们所见到的盛景，就是当年再次扩建的结果。那么天坛为何要扩建？真如传说所言，是一个神童设计扩建的吗？

　　乾隆帝之所以要扩建圜丘，据说是嫌之前的坛面狭小，下旨要工匠重修一番。这时有位爱取悦乾隆帝的大臣进言："皇上，古有天数之说。天为阳，地为阴，奇数为阳，偶数为阴。不知设计其使用的石头数量可否以阳数为准呢？"乾隆帝听后觉得有理，于是命工匠修建祭天台时选用阳数之极"九"，从台面到台阶，所用石料都要求是"九"或者"九"的倍数。

　　工匠领旨后紧急召见所有工匠们商议建筑方法，但无人知道"九九祭坛图"的设计方法，转眼间，皇上给的三天期限已到，众工匠束手无策，只能坐等被斩。

　　就在期限将至之时，有位衣衫褴褛、满身污垢的小乞丐前来讨食，工匠们见他可怜，就送了些吃食给他。只见小童一阵狼吞虎咽吃完之后，从身上扯下一块破布擦了擦嘴，擦完后扔下破布，一溜烟就跑走不见了。工匠们见小童很是怪异，于是便拾起他丢下的破布一看，上面清晰可见一个"秦"字，而且还有一幅祭坛的图样，大家细细计算之后，发现正是乾隆要求扩建的"九九祭坛图"。

　　工匠们喜出望外，马上将图纸复制描绘并交给了乾隆帝，乾隆帝很是满意。经工匠们齐心协力，很快就把外观漂亮、符合历法，最关键的是符合乾隆帝要求的圜丘坛建立了起来。后来，工匠们细细回味，才悟出小童当时擦嘴留下的"秦"字，是我国古代数学家秦九韶先师，特派神童前来相助。

　　传说终究只是传说，虽有些荒诞可笑，但是却寓意深远，趣味无穷。

天坛里真的有个"鬼门关"吗

鬼门关，原是传说中进入阴间的入口，现指生死关口或险地。

然而，在天坛这么一个庄重严肃的场所，就有一个令人毛骨悚然的地方，名叫"鬼门关"。

当年天坛里面饲养祭祀牲畜的地方，叫牺牲所，屠宰祭祀牲畜的地方叫宰牲亭，这两组建筑，一个在天坛的西南角，一个在东北角。要把牺牲所的牲畜赶到宰牲亭去宰杀，就必须横穿通天路。

但明清皇帝都有一个规定：除了天上的飞鸟，任何地下的走兽，都不准从大路上通过，怕的是弄脏了神路，"玉皇大帝"会怪罪。为此，特地在大路下面开了一条东西隧洞，与上面的大路形成交叉，故称桥。因为这个隧洞是专门赶运牲畜的过道，所以又叫"进牲门"。因为是要运到宰杀亭待宰，所以从此门过去的牲畜，几乎无一生还。因此，人们又把它叫作"鬼门关"。

鬼门关里黑漆漆的，一般都是待宰的牲畜才会由此经过，没有人敢从这里穿过，祭祀时的从祀人员也会尽量绕开这里，以免惹鬼上身、沾染晦气。

历史上最后一个在天坛祭天的是袁世凯吗

袁世凯，清末年间积极推动近代化改革，辛亥革命时逼迫清朝最后一个皇帝退位，然后以貌似"和平"的方式推翻了清政府，成为中华民国临时大总统，1913年被选任为中华民国大总统。但是，袁世凯的目标，

山水园林

从来不仅仅是大总统，他要做的是皇帝。他当上总统后，无时无刻不在考虑着如何名正言顺地坐上皇帝的宝座。

要想做皇帝，就要先稳住民心。他深知勤劳质朴的中国人民最为尊崇的还是中华民族几千年的传统文化，当然，就包括深入人心的祭天文化。

袁世凯当上皇帝后的第一件事，先是解散了孙中山领导的国民党，摒弃了中华民国的《临时约法》《天台宪法》等文献，宣布解散国会，组办政治会，全面实行独裁。然后大肆宣扬复古学说，一方面期待民心所向，另一方面想要引导恢复帝制的思想潮流。

1914 年元月，政治会在袁世凯的带领下，一致通过了恢复祭天旧制的决议。袁世凯下令操办祭天大典事宜，并要求全国实行"通祭"。所谓通祭，就是"帝祭""官祭""民祭"，帝祭即皇帝在天坛组织祭天活动，时间定在冬至。另外，袁世凯还命令内务部精心拟制相关的祭礼、祭品、冠服，为此特意根据历代皇帝的祭天礼仪编纂出一套"祭天通礼"，把各朝各代的封建礼仪做了集合调整。

不仅如此，袁世凯还专门拨款维修了祭坛建筑及其设施。加装望灯、加装门扇、加装取暖设施等，值得一提的是，袁世凯在圜丘天库的琉璃门上加装了九九八十一颗鎏金钉。

经过一年的准备，在 1914 年冬至的前三天，袁世凯颁布斋戒誓词并实施斋戒，为防止不测，还在天坛附近禁行，驱逐闲杂人等。"冬至"当天凌晨三时，袁大总统身着青色祭服，上绣十二章文，头戴冕冠，率百官在卫队军警的护卫下，大张旗鼓地完成了祭天大典。

与此同时，袁世凯于 1914 年颁布《中华民国约法》，1915 年 12 月宣布自称皇帝，改国号为"中华帝国"，建元洪宪，史称"洪宪帝制"。尽管做足了准备，但此举仍旧遭到了各方面反对，引发了护国运动。在巨大压力下，苦苦挣扎了仅八十三天的袁世凯不得不宣布取消帝制。

这就是中国历史上最后一个在天坛祭天的"皇帝"，尽管其称帝时间仅有短短的八十三天。

我国现存的最大的祭地之坛
——地坛

地坛又叫方泽坛，位于北京东城区安定门外大街，始建于嘉靖九年（1530年），占地37.4公顷，是古都北京五坛中的第二大坛，也是中国现存最大的祭地之坛。那么，这处作为明、清两代帝王祭祀的庄严古迹，其当初的设计构想源自哪里？地坛里面的祭祀流程又是怎样的呢？

地坛的出现来源于一场政治事件吗

地坛，最早称为方泽坛。嘉靖十三年（1534年），重新修葺后改叫地坛，是明世宗以后明、清两朝帝王每年夏至祭祀"皇地祇神"，即土地神的场所，是古都北京五坛中的第二大坛，也是我国现存的最大的祭地之坛，占地总面积37.4公顷。

1925年，当时的京兆尹，类似于现在的北京市市长，在征得当时内务部同意后，将地坛改名为京兆公园，同时增加了一些体育器材，建成了北京第一个体育场。1928年，京兆公园改名为市民公园，后由于一些原因公园逐渐荒废。新中国成立后，政府在1957年4月把这个废弃的园子重新修整并恢复为地坛公园，园内现存有方泽坛、皇祇室、宰牲亭、斋宫、神库等古建筑。

山水园林

可是你知道吗，地坛修建之前的一百五十多年时间里，明代帝王们一直遵循着天与地一起祭祀的宗教典礼，一起祭祀本来只需要一个祭坛就足够了，那北京为什么会有天坛、地坛等五坛呢？其实，地坛的出现与其说是一场纯粹的礼仪制度变革，倒不如说是一场谋划已久的政治事件。

原来明世宗嘉靖帝是前任皇帝明武宗正德帝的堂弟，因为正德帝暴毙且没有皇子，嘉靖皇帝才被强拉过来，硬生生被迫接替堂兄当皇帝的。不仅如此，朝臣强迫嘉靖帝认正德帝的父亲弘治帝为父亲，把正德帝变为"亲兄弟"，以更加符合礼制的"兄终弟及"的方式继承皇位，这让重礼节、有主见的嘉靖帝很是生气。嘉靖帝希望以自己的生母随自己一起住进皇宫，且追赠自己的亲生父亲为皇帝的方式继承大位，而这一想法又遭到大臣们的强烈反对。

这场皇帝与大臣们之间的轰轰烈烈的斗争，史称"大礼议"之争，最后因为大臣张璁引经据典，使用《周礼》等古籍批驳了群臣的观点，最终使嘉靖帝取得了胜利。而这件事也让嘉靖帝尝到了通过改变礼仪制度的方式，达到为自己树立威信、巩固统治的甜头。于是嘉靖帝找准机会，表明祭祀当中的"天地合祭"有违古代礼制，需要分开祭祀的意愿。嘉靖九年，他以有违古制为由，恢复了明太祖早期实行过的"天地分祭"的礼仪制度，进而建造了专门祭地的方泽坛，后经修葺，最终成为现在的地坛。

所以，地坛的出现不是一场礼仪制度变革，而是蓄谋已久的政治事件。

其实，天与地之所以合在一起进行祭祀，也是因为当年朱棣认为天代表父亲，地代表母亲，父亲与母亲应该在一起生活，所以不能把天与地分开。

地坛的设计构想是来自《易经》吗

我们知道天坛的许多设计构想都源于《易经》，无论是建筑特点，还是数字象征都离不开《周易》的阴阳、五行等学说。那么地坛的设计构想又是怎样的呢？

地坛的许多设计构造来自《易经》。《易经》中讲"天为阳、地为阴"，阴阳学说是古代宇宙观的重要概念，古人尊天敬地，认为万物为阴阳所化、天地所赠，天地是不可侵犯的。也就是说，地坛的设计构想离不开《易经》，离不开阴阳。具体体现在以下几个方面：

一是形状。"制别方圆，以则阴阳之像"。依据"天圆地方"之说，地坛总平面和方泽坛平面都是正方形的。方形的转角没有圆形的光滑，看上去冷漠许多，这和"地"冷、暗、低的特质相吻合，也符合古人的匹配考究。

二是色彩。天坛的配色主要是红黑色，而地坛则主要采用黄色和灰色。红色和黑色看上去庄严肃穆，但是给人一种重量感、压迫感。黄灰色则不同，黄灰色颜色较亮，没有重量感。还有一个关键点是，黄河流经的黄土高原是中国古代文明的发源地，所以古人常常用黄色来象征"地"，来迎合"天谓之苍，地谓之黄"之说。

三是设置。首先，地坛不像天坛那般设置视觉中心，而是孤零零地摆放各种祭器，这种形单影只的阴冷感觉完美地诠释了地坛"阴"的意境；其次，地坛周围设置的坛墙和棂星门均为两重，会给人一种被围困的恐慌感，加深人们对地坛"阴"的体验；最后，地坛本身地势较低，再加上周围的附属建筑物都采用基面下沉的手法，高高的外围砖墙下，无所依恃的封闭感，更深深地触动了人们坚信地坛为极阴之地的强烈感观。

山水园林

四是方向。南向为阳，北向属阴，所以地坛位于京城北郊，布局坐北向南，由北向南行礼。

五是数字。古代以奇数为阳数，偶数为阴数，所以地坛的建筑许多都是用偶数做基准的。如两层、八级台阶；坛面墁石的数量基本上是"六"或者"八"的倍数；地坛正中铺有横纵各六路石块；上层铺成四正四隅八个正方形；下层设代表天下名山大川的四从坛，等等。总之，偶数，也就是所谓的阴数无处不在。

地坛里的祭祀流程是怎样的

地坛的神库建于嘉靖九年（1530 年），这是一组由四座五开间的悬山式大殿和两座井亭组成的小建筑群。这个建筑群的正殿之所以被称作"神库"，是因为它是专门存放迎送神位"器具"的地方。

迎送神位的器具一般有凤亭（抬"皇地祇"神位的轿子）、龙亭（抬配位或从位诸神位用的轿子）以及当皇祇室需要修缮时，临时供奉各神位的地方。

东配殿为"祭器库"，里面存放着祭祀所用的器皿用具。

西配殿为"神厨库"，里面存放着祭祀所用的供品食物。

南配殿为"乐器库"，里面存放着祭祀所用的乐服乐器。

东井亭的水供给地坛的内渠水，西井亭的水供给神库的神厨库。正殿和南殿各有一眼无亭井水，供给一般生活用水。

每逢阴历夏至，皇帝都会到地坛祭地，祭地多为保佑自己皇位长久，风调雨顺，五谷丰收。祭祀前两个月就开始整修斋宫，前十天选用祭祀用的牲口，前八天开始整修迎送神位的龙亭、凤亭。

传说在祭祀的前三天，会在斋宫的案几上立几个半米高的铜人，铜人身穿官员的服饰，手里拿着警示斋戒的铜牌，上面刻着"斋戒"二字。这时候，上至皇帝、下至所有的王公大臣都开始进入斋戒状态，不但要沐浴更衣、静思独居，还要戒烟戒酒，停止一切娱乐活动。除急事之外，也不允许办理任何公事。

到了祭祀的那一天，首先将各神位早早地安于祭台之上，然后在整个地坛铺满祭拜用的褥垫。祭地的规模很大，由两千多人组成的仪仗队，从东华门到地坛全线戒严，以便皇帝的车辇行走。不参加祭拜的留守官员，也要早早地在午门外守候。待午门钟声一响，皇帝驾车出午门，百官跪送，车队军队浩浩荡荡地向地坛出发。行到安定门外的护城河时，地坛内的坛钟鸣响，迎接圣驾。皇帝穿过牌坊，向宫内出发，按流程一步步登台行祭。

山水园林

太阳神朝拜地——日坛

日坛位于北京朝阳门外的东南方，是明、清两代帝王朝拜太阳的地方。那么，太阳神究竟是谁？为何要朝拜太阳神？除了作为太阳神的朝拜之地，日坛里面还有什么事迹？

中国的太阳神究竟是谁

太阳神是一切神话中至高无上的核心，我们崇拜太阳神，相信是它赐予我们光明和力量，同时希望中华大地在它的佑护下兴盛长久、永放光芒。那么，中国的太阳神究竟是谁？是谁赋予了我们如此崇高的愿望、如此美妙的遐想？

关于太阳神的传说，说法不一，大致分为三种。

说法一：有人说，中国的太阳神是羲和，东夷人祖先帝俊的妻子。她的十个儿子都是金乌（太阳之灵）的化身，住在东方大海的扶桑树上，每天跟随母亲在天上轮流值日。因为是羲和负责驾车，并掌握太阳运转的方向和节奏，所以，大家称她为太阳女神。也正是这位太阳神的坚持负责和准确把握，加深了后人对时间循环规律的认识。

说法二：有人说，中国的太阳神是上古时期的炎帝。炎帝属火，身为天帝，他和人面兽身的火神祝融一起治理着南方的神州大地。悲天悯人的炎帝为了解决人类的温饱问题，苦心研究并发明了栽植农具，教百

姓垦荒种植五谷，并命令太阳发出光和热，辅助作物生长。经过辛苦的劳作，人类从此过上了丰衣足食的生活。可能也就是因为这样的功德吧，后人尊称他为"神农"，并把他说成牛首人身的形象。

说法三：有人说，中国的太阳神是东君。东君是古代春秋战国时期楚国神话中的一位神祇，象征吉祥、威力和正义，其光辉灿烂的神武形象在诗人屈原的组诗《九歌》中被描绘得淋漓尽致。楚人奉他为日神，也就是太阳神。不仅如此，从汉武帝开始，历代帝王祭祀的太阳神也都是东君。

日坛是皇帝祭日的固定场所吗

日坛，又名朝日坛，坐落在北京朝阳门外东南日坛路东，它是明、清两代皇帝在春分这一天祭祀大明神（太阳）的地方。

祭日对于明、清两代皇帝来说是一项很重要的活动。每年春分，他都要率领文武百官去日坛祭日。随着封建社会的结束，这项活动就自然被取缔，但从留下的资料中还可以窥见一二。

祭日礼仪非常烦琐，共分迎神、奠玉帛、初献、亚鲜、终献、答福胙、车馔、送神、送燎等九项议程，每一步都必须按照制度要求去严格执行，连皇帝本人都是小心翼翼的，生怕有半点差池。

人类对太阳的崇拜起源很早，在这种崇拜之下，太阳被赋予了神性和神职。人们通过各种仪式来表达对太阳神的虔敬之心，希望得到太阳神的庇护。祭日仪式的不断规范与定型，形成了在固定时间、固定地点举行的祭日仪式。

北京在元朝时就建有日坛，现在北京的这座日坛建于明嘉靖九年（1530 年）。它被正方形的外墙围护，每次祭祀之前皇帝要来到北坛门内的具服殿休息，然后更衣到朝日坛行祭礼。朝日坛在整个建筑的南

山水园林

部，坐东朝西，这是太阳从东方升起，人要站在西方向东方行礼的缘故。坛为圆形，坛台一层，直径 33.3 米，周围砌有矮形围墙，东南北各有棂星门一座。西边为正门，有三座棂星门，以示区别。墙内正中用白石砌成一座方台，叫作拜神坛，高 1.89 米，周围 64 米。建成时，坛面用红色琉璃砖砌成，以象征大明神太阳，这本是一种非常富有浪漫色彩的布置，但到清代却改用方砖铺墁，使日坛逊色不少。

祭日虽然比不上祭天与祭地典礼，但仪式也颇为隆重。明代皇帝祭日时，用太牢、礼三献、乐七奏、舞八佾，行三跪九拜大礼。

马骏烈士墓背后有着怎样的故事

在日坛公园的西北角，矗立着一座"回族烈士马骏之墓"的墓碑，另塑马骏半身铜像。那么，马骏是何许人也？这座墓碑的背后又有着怎样的故事？

马骏，回族人，祖籍吉林宁安（今属黑龙江省），生于 1895 年，1915 年，他考入天津南开中学。此时，正值日本帝国主义向北洋军阀政府提出灭亡中国的"二十一条"。国难当头，周恩来和马骏等同学奋起抗争，成为南开中学学生运动的中坚力量。

1919 年 9 月 6 日，周恩来、邓颖超、马骏、郭隆真等进步青年在天津正式成立"觉悟社"，出版《觉悟》杂志，宣传进步思想，成为当时天津反帝爱国运动的领导核心，是共产主义小组的萌芽。

马骏经过革命斗争的洗礼和锤炼，不断地成熟起来。1920 年，他加入中国社会主义青年团，之后加入中国共产党。他是中共早期党员，也是天津和东北地区最早的共产党员。

1922 年初，马骏受中共北京地方执行委员会派遣，到哈尔滨开展革命活动。马骏回到东北后，经常活动于宁安、哈尔滨、吉林等地。他善于广泛联系各界进步人士，扩大革命力量，利用各种关系，向商、学界进步人士宣传革命思想。

1923 年 9 月，马骏受党组织派遣，到吉林毓文中学任英文教员兼作训育学监，以此掩护从事党的秘密工作。期间，马骏在学生中秘密组织"读书会"，努力宣讲革命真理。

马骏性格爽直、豁达，学识渊博，再加上饱满的爱国热情和富有感染力的演讲，很快在全校师生中树立了楷模和威望，为吉林地区无产阶级革命思想的顺利传播起到了积极的作用。在他的引导下，更多的人走上革命道路。他极力倡导学生们阅读李大钊、鲁迅等人著作的进步书刊；经常宣扬十月革命，跟学生们探讨五四运动、探讨时事人生；激发学生们团结一致、救亡图存的爱国热情；同时组织广大师生秘密建立宣扬无产阶级思想的革命阵地。

1925 年发生"五卅"惨案后，吉林的激进分子们心生愤恨，纷纷加入马骏组织的教育界沪案救援会，参加了那场轰轰烈烈的示威游行。他们包围了日本的领事馆，声讨英日帝国主义的野蛮罪行。同时，在马骏的带领下，

日坛公园一角

组成几支演讲队，到全国各地巡讲宣传。

1925 年，在李大钊的邀请下，马骏赴莫斯科留学，成为莫斯科中山大学第一期学员。1927 年白色恐怖笼罩中国，马骏毅然受命回国，担负起中共北京市委的组织恢复和重建工作。

马骏秘密到达了白色恐怖笼罩下的北京。奉系军阀得知他回京的消息，在城内布下很多暗探和军警，日夜搜寻他的下落。马骏常常置身于贫民窟、工人区，积极发动群众，组织革命力量。在他的组织领导下，

山水园林

群众很快发动起来，党组织得到恢复和发展。

1927 年 11 月中旬，中共北京临时市委成立，马骏任副书记兼组织部长，但临时市委 11 月下旬就遭到了破坏。12 月 3 日，马骏同其他四位委员被京师警察厅逮捕，关押在北京中央监狱。1928 年 2 月，马骏烈士慷慨就义，年仅三十三岁。1945 年，马骏在中共第七次代表大会上被追认为烈士。

1951 年，北京市人民政府隆重公祭并重修了马骏的墓地，墓碑由郭沫若先生题书。1987 年再次重修，墓碑改由邓颖超题写。

为了新中国的胜利，无数的革命前辈用鲜血铸就了不朽的人生。马骏烈士墓会永远地矗立在日坛公园，矗立在人们的心里。所以，在祭拜太阳神的同时，请记得向所有革命前辈献上我们最崇高的敬意！

夜明神朝拜地——月坛

月坛原名夕月坛，位于北京市西城区南礼士路，始建于嘉靖九年（1530年），是明、清两代帝王祭夜明神（月亮）和天上诸星宿神祇的地方。南园的迂回山水、北园的规则建筑，无一不展示着这座百年遗迹的绝尘魅力。那么，所谓的夜明神是怎么回事？中国人为什么要祭拜月神？月坛里面又有哪些奇特的景观？

为什么要祭拜月神

古代帝王有春祭日、秋祭月的礼制，祭月源于远古时候人们对月亮的崇拜（天体崇拜），古人认为日月代表阴阳两极，日月和谐才能保证万物正常生长。所以，祭月被列为皇家的例行典祀，嘉靖皇帝还特意为此修建了月坛，以供历代帝王朝拜。

随着时间的推移，人们对月亮的崇拜越来越热忱，此后，月亮便开始被人格化、神化。历代皇家称月神叫夜明之神，而民间则认为月神是女性，温暖、神秘、朦胧、明亮，不断惹人遐想。

传说，中国的月神是望舒，因为她是汉族神话中为月驾车的神祇，借指月亮。

也有人说，中国的月神是嫦娥。在古神话中，嫦娥与后羿是夫妻，王母娘娘因为后羿射日有功特赐了他一包仙药，后羿将仙药交于嫦娥保

山水园林

管。后羿有个徒弟一直觊觎师父的仙药，一次趁师父外出之时，逼迫嫦娥交出来，嫦娥无策之下吞食了仙药，于是不由自主地飞到了月亮上，成了神仙。

后羿回家后，又是悲愤又是叹惋，对着月亮唤了千万遍，无奈木已成舟，只剩眷恋。为解相思之苦，后羿在院子里的桂花树下摆上香案，放上嫦娥平时爱吃的食物，锥心之时，邀月对饮，也算团圆。

传统上的"祭月节"被定在秋分这一天，也就是每年公历9月23日的前后，由于公历、农历的计时偏差，这一天在农历的计算里每年都不固定，最关键的是不一定每年都赶上月圆，所以，后人就将"祭月节"的秋分改到了八月十五这一天。

《礼记》中记载"天子春朝日，秋夕月。朝日之朝，夕月之夕"，描绘的是天子祭祀月亮的礼制。后来随着社会的发展，民间也开始仿照帝王的典祀，有了祭月之风。渐渐地，赏月比祭月更受重视，大家约定俗成地在八月十五，也就是中秋节这一天在院子里摆上月饼，摆上桂花酒，全家一起赏月。一方面怀着阖家团圆的夙愿，另一方面希望家里的每对夫妻都能永结同心、爱情美满。

为何说南园里面"月"尽显

月坛公园占地8.2公顷，分南园和北园两部分。色彩艳丽的古建筑和中规中矩的道路是北园的主要特征，而迂回的山水、恬淡的美景则是南园赋予月坛的一片灵动。

作为月坛的主要景观之一，南园景致的绝妙之处自不必说，且说南园里面处处环扣"月"的主题，仅这一点，就不得不叫人拍案叫绝。

扣"月"一。南园又名"邀月园"或者"蟾宫园"。蟾宫又名广寒宫，因为有传说嫦娥吃了仙药后，飞到月亮上变成了蟾蜍；也有人说，

有只癞蛤蟆错把"嫦娥"听成了"天鹅"，想吃天鹅肉就跑到了月亮上，没想到一去不复返，所以广寒宫也被称作蟾宫。

扣"月"二。南园院中种着桂花，为取"桂子月中落，天香云外飘"之意，取名天香院。院内播放着《月光曲》《春江花月夜》等名曲，晚上还有彩色的音乐声控喷泉，总之花香飘逸、水声和曲，身临其境，仿佛置身一场浪漫唯美的月光晚会。

扣"月"三。南园的东北角有座小山，山上长满了青松翠柏，山顶的敞堂可供夏日乘凉。西北角和南部的山丘上各有一座彩画装饰的古亭，名曰"揽月亭"和"霁月亭"。

扣"月"四。若是站在高处俯瞰整个南园，可以发现，在南山和北山之间有一座玲珑的小桥，桥两侧的瀑布飞流直下，直泻入池，池中有一塑雕像，名为"嫦娥奔月"。

扣"月"五。在天香院的南侧有一片开阔的草坛，草坛上面有数十只石刻的玉兔，有人说在广寒宫里有一只嫦娥化身的玉兔，也有人说是后羿化作玉兔在嫦娥身边长年陪伴左右。后来，人们就用玉兔代指月宫。

扣"月"六。南园的园内有一面两百米长的大墙，墙上刻着七十六块碑，碑上尽是现代书法家题写的历代文人咏月的诗篇。

在月坛内设计的景致环环与"月"相扣，不得不佩服设计者的良苦用心，将绝美的设计与中国传统文化美妙地结合，更加凸显了月坛温婉大方、神秘悠远的独特气质。

山水园林

籍田古迹——先农坛

先农坛位于北京市西城区正阳门的西南方，始建于明永乐十八年（1420年），是明、清两代皇家祭祀先农诸神的场所。祭祀先农和亲耕的传统，最远可追溯到周朝。那么，先农是谁？我们为什么要修建先农坛？先农坛祭祀和亲耕的仪式又是怎样的？

修建先农坛的历史背景是什么

先农，远古时叫帝社、田祖，汉朝时开始被叫作先农，是古代传说中最先教会人类耕种的农神。作为中华民族第一个由渔猎转入农耕的氏族部落，炎帝神农氏创造了中国的农业文化。

先农坛

先农教会人们使用耒耜，种植五谷，一方面解决了人们的生存之本，另一方面为农业文明的发展创造了条件。中国是个农业大国，历代统治者都非常重视农业问题，为巩固统治、揽得民心自然要祭祀开创农业的神农老祖。

早从汉魏时期就形成了设坛祭祀先农的规制，只是当时规模较小；唐宋时将祭祀设施规模逐渐扩大；到了元朝，元朝皇帝命人在大都首建先农、先蚕二坛，开启了隆重祭祀先农的新纪元。至此祭祀先农正式定为封建社会的一种礼制，每年开春，皇帝亲领文武百官行籍田礼于先农坛。

明、清两代统治者为了在北京修建先农坛，参照了历朝历代修建先农坛的典范。沿袭明洪武帝在南京建造的先农坛，北京先农坛不仅祭祀神农，还祭祀许多其他与农业相关的神祇，如祭祀太岁神、十二月将神、江河湖海神、风雨雷电神等，可谓是集几千年来神农祭祀文化之大成。

从建坛开始，明、清两代统治者就不断地增建先农坛，赋予不同的功用，不断完善执行先农制定的耕祭礼仪制度，借纲领表明重农；不断规范祭祀建筑的完整性，以期稳固朝政。

先农坛祭祀和亲耕的仪式是怎样的

明、清两代帝王沿袭历代重视农业的传统，在北京修建并不断扩建先农坛，在祭祀先农的同时，为了做出表率、稳固民心还会亲自下田耕种，于是便有了籍田礼。那么，籍田礼是怎样的一个流程？先农坛祭祀和亲耕的仪式到底是怎样的呢？

籍田礼虽然不是每年必须举行的常典，但是皇帝们为了表现出对农业的重视，或者彰显中华民族的盛世之景，几乎每年都会来一次籍田仪

山水园林

式。这种仪式虽然在唐宋时期有些懈怠，但直至明、清一直没有废掉。更甚之，明、清两代帝王还专门在城南建立了进行籍田之礼的场所——先农坛。

籍田礼举行的前一天，户部、礼部和顺天府的官员要把耕籍器具与农作物的种子送到太和殿拿给皇帝预览，然后再给顺天府的官员，顺天府的官员将器具和种子放在提前备好的彩亭里，再依礼送到先农坛的籍田处。

籍田礼举行的当天，伴随着午门钟声的响起，皇帝身着礼服，在文武百官和皇室重要成员的陪同下赶赴先农坛。先到先农坛行祭礼，待在太岁殿稍事休整后，到东南方的具服殿换上龙袍，就要开始亲耕礼了。

在导驾官和太常寺卿的导引下，皇帝来到耕籍位，面南而立。户部及顺天府的官员向皇帝敬献末耜、牛鞭等耕籍器具，礼部及太常寺的官员则引导皇帝亲耕。皇帝右手扶犁，左手拿鞭，身边的侍官紧随其后跟着播种，就这样往返犁三趟。为了显示皇家的威严，皇帝亲耕所用的器具和穿的衣服都是金黄色的，场景极其壮观。

亲耕结束，教坊司乐工唱完《三十六禾词》，皇帝便要上观耕台观看礼部及顺天府的官员继续耕田，然后到斋宫听取礼部跪报终耕亩数。当然，后面还有赐茶、设宴、歌舞等一系列普天同庆的活动，直到皇帝的车辇回宫，午门的钟声再次响起，才宣告籍田礼的结束。

先农坛的建筑群都有什么作用

先农坛的建筑群，从明代始建到清乾隆期大修，迄今历经六百多年，整体布局基本完整，建筑的构筑特色及艺术风格基本保留了明代特征。

先农坛的建筑群共有五组：庆成宫、太岁殿、神厨（包括宰牲亭）、神仓院、具服殿。

庆成宫是皇帝祭祀和亲耕后犒劳百官的地方。庆成宫始建于明天顺二年（1458 年），原称斋宫，乾隆二十年（1755 年）改庆成宫。

太岁是传说中的值年之神，主管着人间万事万物的兴败祸福。太岁殿是先农坛内最大的单体建筑，又称太岁坛，由东西配殿连接太岁殿与拜殿形成四合院落。明嘉靖以前，太岁、风云雷雨、山岳海渎等神灵都在此供奉，此后则专门用来祭祀太岁及十二月将等自然神祇。

先农坛是皇帝祭祀先农神的祭坛，按照传统祭祀需要宰杀牲口，而宰牲亭是皇帝祭祀先农神时祭祀宰杀牲口的亭子。

神仓原为明代旗纛庙，清乾隆十八年（1753 年）改为神仓，是用来存放皇帝带领大臣们一起耕田所收获谷物的地方，亲耕收获的谷物供北京各坛、寺庙祭祀使用。院子分为前后两个院，前院有收谷亭、圆廪神仓和库房，后院是祭器的库房。

具服殿建筑群包括具服殿、观耕台和皇帝的"一亩三分地"。明清年间，每到仲春亥日，皇上会率百官到先农坛一起举行亲耕典礼。

山水园林

玫瑰之乡——妙峰山

妙峰山上有一座玫瑰谷，每年五六月份，漫山的玫瑰盛开，引来无数游人来此感受浪漫氛围。妙峰山还有一位身世成谜的"娘娘"，留下传说无数。不过这些名气都比不过妙峰山的头号铁杆粉丝——慈禧太后建造的一座眺远斋，这座眺远斋是干什么用的呢？

慈禧为什么要建眺远斋

妙峰山在京西门头沟区境内，山势峻峭险拔，是百姓闲时出游的胜地，妙峰山的庙会兴起于明代，每年春天，京城百姓纷纷到庙里赶会，每天到妙峰山的香客更是数以万计。

在颐和园的谐趣园有一座眺远斋，是慈禧命李莲英（清末慈禧身边的总管太监）建造的，这座眺远斋有什么用途？它与妙峰山庙会又有什么关系？

据说有一年的四月，春暖花开之时，慈禧到谐趣园赏花，突然听到园外传来锣鼓及喝彩欢闹声，就问身边的大太监李莲英是什么声音，李莲英连忙差人出去查看，来人禀告："回老佛爷，是去妙峰山进香的走会。"慈禧在这深宫中待久了，就想出去看看热闹，李莲英纵使再大胆也不敢答应，倘若有个闪失，十个脑袋也不够他掉的，便叩头回禀："老佛爷想看庙会还不容易吗？回头在这修建一座阁楼，既能修身养性，又能赏花看会，岂不两全其美？"慈禧点头应允。

李莲英倒是个会办事的人，第二年四月，眺远斋就建成了，且殿宇巍峨，前廊后殿，颇为气派。慈禧视察眺远斋时，大为满意，连连称赞，少不了对李莲英一番赏赐。此后眺远斋便专门供慈禧看庙会了，每年庙会期间，慈禧便频登眺远斋，观看各路香会的精彩表演，看得兴起时，还会发下懿旨，给表演出众的香会一些赏赐，很多香会尝到一点甜头，便纷纷来到颐和园外，表演一些绝技献给慈禧，幸运的还能得到封号或者赏赐。

就这样，妙峰山的庙会因为慈禧这个"铁杆粉丝"变得更加出名，香火也愈发旺盛。

妙峰山的"娘娘"到底是什么身份

老北京一直流传着一句"妙峰山的娘娘——照远不照近"的歇后语。那么这座妙峰山的"娘娘"到底是何许人也？

妙峰山的"娘娘"是天仙圣母碧霞元君，她的身世传说自古以来就有很多。概括来说，有文献记载的共三种。

一是东岳大帝女儿说。东岳即泰山，东岳大帝就是泰山神，相传是上天派来治理天下的保护神。在《山东通志》中有记载称，泰山娘娘（碧霞元君的别称）是东岳大帝的女儿，京津地区的人民多认可这一说法。

二是民女说。在《玉女传》中记载，汉明帝时期，西牛国有一位善士叫石守道，他的妻子金氏在中元七年甲子四月十八生了一个女儿，起名玉叶，长相端正，性格聪颖，三岁时就能为他人解决难题，七岁就懂法术。曾经学礼于西王母，后入天空山黄花洞修炼。现在的妙峰山仍然以农历四月十八为"娘娘"的圣日。

三是黄帝七女之一说。据《玉女考》中的《瑶池记》记载，黄帝要建岱岳观，就派遣他的七个女儿戴云冠、着羽衣，焚香修行，以迎接西昆真人，所以"娘娘"是黄帝七女中的一个修道成仙了。

山水园林

这三种说法仅仅是记载在文献中的，民间的传说故事更多，有华山玉女说、太真夫人说、玉皇大帝的女儿说，等等。关于她的身世，众说纷纭，至今也没有个准确定论。

玫瑰仙子为什么是爱情的化身

妙峰山的玫瑰自辽代繁衍至今已有数千亩，年产数万公斤玫瑰花瓣，品种纯正、花色繁多，因妙峰山位于北京城西北，属于大西山北部，这里的玫瑰花田在历史上被称作"北山玫瑰沟"。

玫瑰花自古就和爱情脱不开关系，在古希腊神话中，玫瑰就是美神的化身。玫瑰也是世界上表达爱情的通用语言。

妙峰山的玫瑰谷有成千上万的玫瑰，每当玫瑰花季，玫瑰花争相盛开，漫山遍野姹紫嫣红，香飘满谷，形成了壮观的玫瑰花海，在这片花海中还有一座玫瑰仙子的雕像。

传说，玫瑰仙子原本也只是百花仙子中普通的一个，在玫瑰仙子成年的这天，她收到了蝴蝶王国的邀请函，原来，蝴蝶国的国王要为蝴蝶王子选王妃，就邀请百花仙子前来参加宴会。宴会当天，所有的仙子都打扮得漂漂亮亮的，因为她们听说蝴蝶王子是个气宇轩昂、品貌非凡的翩翩公子。玫瑰仙子也用九百九十九朵玫瑰做了一件玫瑰衣，但是她太兴奋了，到了宫殿门口才发现忘了带请柬，一时不知道怎么办，就坐在门口伤心地哭起来。话说，蝴蝶王子在宴会上没有选到合适的妃子，便溜出宴会，刚巧看到正在哭泣的玫瑰仙子，一下就爱上了她，在向玫瑰仙子表达了爱意之后，就带她到宴会上向大家宣布玫瑰仙子就是自己的王妃。

在 2 月 14 日这天，玫瑰仙子和蝴蝶王子举行了盛大的婚礼，玫瑰花装饰铺满了整个皇宫。从此玫瑰就成了爱情的象征，这一天也被定为情人节。

京城绿肺——凤凰岭

凤凰岭被称作是京城的氧气库，这里不仅是空气清新的旅游胜地，还是拥有众多传说的神秘领地。奇山、怪石、林海、神泉等，这些神奇的自然景观让凤凰岭拥有"京西小黄山"的称号，这里也有千百年流传下来的传说。

为什么说凤凰岭是凤凰变成的

凤凰岭位于北京海淀区聂各庄，号称是北京的氧气库。这里不仅风景优美，而且还是一个谜一样的地方。关于凤凰岭有很多传说故事，据说凤凰岭是由凤凰变成的。

故事发生在遥远的古代，有一个诸侯国叫蓟国，蓟国因为生长一种叫"蓟"的野草得名。那时候海淀的这片地还是一片沼泽，人们出行很不方便，庄稼也不好种，只是这"蓟"草长得旺盛，但是"蓟"草里面有一种害虫叫洋辣子，通体绿色，长着长长的白毛，每天成群结队地爬到村庄里祸害百姓，它们身上的白毛有毒，刺入人的身体会起泡，疼痛难忍，一旦附着在人身上，就很难摆脱。这里的孩子们因为害怕洋辣子，整天都不敢出门。后来，蓟国的老百姓为了躲避洋辣子的侵害，纷纷离开家乡，偌大的村子只剩下一半的人家。

王母娘娘看到了蓟国老百姓遭受的苦难，就派遣百鸟之王凤凰下到

山水园林

蓟国灭害，临行之前，王母娘娘嘱咐凤凰，一定要在月圆之前返回昆仑山，否则就永远都回不来了。

凤凰来到蓟国的沼泽地，它与洋辣子大战几天几夜，没想到洋辣子数量太多，眼看今晚就是月圆之时了，可是还有一部分洋辣子躲在山里，是在天黑之前返回昆仑山？还是趁热打铁，把这些害虫一举歼灭？最后凤凰还是决定飞到山里先捕杀洋辣子，然后再返回昆仑山。凤凰站在山头加快了捕捉速度，就在它杀掉最后一只洋辣子的时候，太阳落山了，月亮升上了天空，凤凰的翅膀瞬间失去了金色的光辉，再也不能起飞了。

凤凰飞不起来了，就在这里变成了一座高山，蓟国的老百姓为了纪念解除灾难的凤凰，就为这座山起名凤凰山。

以后每年的月圆之时，人们都会向凤凰岭烧香叩头，以感谢凤凰救他们脱离苦难。

玉兔为什么要化成凤凰岭的玉兔石

在凤凰岭有一块巨石，形状像一只俯卧的玉兔，因此就有了关于玉兔石的传说。

据传当年嫦娥来人间视察，途经妙峰山，被这里的风景吸引，就把玉兔放到妙峰山的泉水边饮水。玉兔看到远处草丛中有几只野兔在嬉戏追逐，久居月宫的玉兔觉得很有趣，就跑过去跟它们一起玩，结果玩性大起，忘记了时间，回到泉水边，嫦娥早已不在了。玉兔就一直在附近寻找它的主人。

这时，不知道从哪里蹿出一只野狼，转眼就把玉兔压在了利爪之下，玉兔想要逃生，无奈被野狼束缚在爪牙之下，实在力不从心。就在它以为要丧生狼口时，野狼却在下一秒倒了下去，原来是一位手持镰刀的少年救了它，少年把玉兔带回家，用药草帮它包扎了伤口，常常带在身边，玉兔渐渐对少年心生爱意，决心要报答少年。

一天晚上，少年突然被一声巨响吵醒，一睁眼就看到一位妙龄少女坐在床前，一问才知道，这个少女就是被少年救下的玉兔，玉兔变成少女的模样，就是想要和少年结为连理，以报救命之恩。

玉兔和少年生活在一起后，也过了一段幸福快乐的日子。可是好景不长，在一个大雨瓢泼的夜晚，嫦娥来寻玉兔了，要带她回月宫，玉兔哭着恳求嫦娥再给她三天时间和少年做个告别。

三天很快就过去了，可是玉兔还是不忍心离开少年，就在彩云接她的山头，她从空中跳下，变成了一块巨石。

那块巨石就成了现在的玉兔石，人们都说，玉兔石朝着少年家的方向，是每日在思念它的如意郎君呢。

人们为什么喜欢到凤凰岭的神泉取水

神泉是凤凰岭最负盛名的泉水之一，每天都有许多市民从这里背水回家。关于神泉水的传说更是一个比一个神奇。

有人说，在光绪年间，有一年京城大旱，河流干涸，地面干裂，村民没有了生活用水，就天天到凤凰岭的寺庙求雨，有一次下山的时候，坐在树荫下的石头上休息。这时，有一个老者走了过来，只见他搬开一块石头，顿时一股清泉喷涌而出，村民们见状，纷纷上前取水喝，等到想起感谢老者时，早已不见老者的踪影，但泉水涌流不止，泉水缓解了老百姓的旱情，自然就被称为"神泉"了。

也有人说，这凤凰岭上本来没有水，这里的人们吃水很困难，要到几里地外去打水，有一次吕洞宾游历到此，看到一户人家的姑娘挑着水在山间艰难地行路，他心生怜悯，便走上前对姑娘说："你明日鸡叫

一声后，就拿着锄头到你的屋后去挖土，我自会给你送水来。"姑娘半信半疑地回家去了，结果第二天早上姑娘误了时辰，直到鸡叫三声才起床，她赶快拿起床头的一根木棍就到屋后挖土，突然一声巨响，地上出现了一个大坑，坑里冒出一股清泉，源源不断地向外流。这时吕洞宾又出现了，他对姑娘说："由于你没有守时，所以水流只能这么大了，本来还能更大的，唉，可惜了，也罢也罢，看来这是天意。"说完就离开了。

据说，这股清泉长年不断，即使在严冬时期也不会结冰，夏天的时候，泉水清凉无比。

宗教寺院

因大钟而得名的寺庙——大钟寺

北京的大钟寺里有一座著名的大钟——永乐大钟，大钟寺就是因它得名的。大钟寺原名觉生寺，但由于永乐大钟名声大噪，且铸造技艺精湛，给铸钟艺术带来了深远影响，故而人们渐渐遗忘了大钟寺原本的名字，只叫它大钟寺，而且在大钟寺里发生的故事几乎都和永乐大钟有关。

明成祖为什么要铸造大钟寺的永乐大钟

大钟寺位于海淀区北三环路联想桥北侧，它本来不叫大钟寺，而叫觉生寺，来自雍正帝对佛理的参悟："以无觉之觉，觉不生之生，所谓觉生也。"故得名觉生寺，以其寺内的永乐大钟最为著名。

大钟寺里的永乐大钟，是中国现存最大的青铜钟。大钟铸造于明永乐年间，高 6.75 米，重约 46.5 吨。钟体内外遍铸经文，共 23 万多字，铸造工艺精美，是佛教文化和书法艺术的珍品。

永乐大钟是明成祖朱棣下令敕造的，明成祖的年号为永乐，所以把这口大钟命名为永乐大钟。那么明成祖为什么要铸造永乐大钟呢？

永乐大钟在世界古钟史上占有重要地位，从它的悬挂技巧、铸造工艺和所铸铭文而言，堪称世界之最。关于它的铸造原因，从清代开始就有很多不同的说法，其中有三种说法最为著名。

一是忏悔说。这种说法流传最广，主要是源自乾隆帝所作的《大钟歌》："谨严难逃南史笔，忏悔讵赖佛寺钟。"由于这首诗是皇帝所作，而且又刻碑立在大钟寺里，所以忏悔说广为大众接受。可其实这种说法并没有太高的可信度，这只是乾隆帝的主观臆断罢了，没有依据可言。

二是统一说。明太祖朱元璋在位期间，历经三十年的浴血奋战和苦心经营，通过用兵和招抚等手段，逐步统一了全国的大部分地区。明成祖朱棣即位后，他想要有所作为，就必须要尽己所能来巩固和扩大由其父朱元璋所创下的大明基业。朱棣登基后为了彰显大国风采，力超前贤，亲自下令铸造代表国家形象的永乐大钟。

三是混合说。明成祖把佛钟、铭文和咒语融合为一体，这个理念绝非一时起意，而是顺应了元末明初中国佛教的发展状况。朱棣受其父亲朱元璋的影响，对佛教的发展状况和佛教对巩固政权的重要意义有较深刻的认识，所以他当了皇帝以后，对佛教采取推崇扶植的政策。可以看出，永乐大钟是寓政治于佛教的典范，是明成祖利用佛教来巩固政治的创举。

永乐大钟是明代人文景象的直接映射和重要索引，是 14 世纪中国科学技术登峰造极的经典之作，更是明代文化的象征之一。

永乐大钟铸成的传说故事

永乐大钟，钟壁轻薄且经得起重击，因声音振动频率与音乐上的标准频率相同或相似而驰名于天下。轻击时，深沉圆润；重击时，洪亮浑厚，节奏起伏明快优雅。声音最远可传九十里，尾音长达两分钟以上，令人拍手称绝。

关于这口大钟的铸造，在民间还流传着传奇故事。

当时，京城闹瘟疫，朝廷下令铸造铜钟。皇上的旨意是，铸造的

钟一定要有震撼人心的效果，这样才能驱赶走瘟神。于是，铸钟师傅们开始没日没夜地忙碌起来，但是他们铸造的钟敲出来的声音不能让工部官员满意，如果十日内再造不出皇帝满意的钟，自己就性命不保了。然而，无论这些师傅们再怎么努力，也造不出满意的来，而且声音越来越难听。

一个老工匠想到自己快要丧命了，便愁眉苦脸的。他的小女儿见父亲与几个工匠都唉声叹气的，于是就问出了什么事情。老工匠便将铸钟的事情从头到尾给女儿讲了一遍，他一想到自己的妻女以后无人照顾便难过起来。小女儿听完后看了父亲一眼，便纵身一跃跳进了铸钟的熔炉里。几位师傅强忍着悲痛，用这熔水铸造了一口新钟。老工匠轻轻地一敲，钟声便震耳欲聋。最终，瘟神就被这钟声吓跑了。

后来，人们为了纪念跳进熔炉里的钟神娘娘，就在此盖了一座寺庙。每到清晨，这口钟便自动敲响，也有人说曾看到一个有着花容月貌的女子在敲钟。此后，京城一旦发生疫情，人们便到寺庙里敲这口钟，希望钟神能赶走瘟疫。

大钟寺的大钟是在这里铸造的吗

大钟寺因永乐大钟而扬名天下，但是，永乐大钟真的是在大钟寺铸造的吗？其实不然，永乐大钟是在铸钟厂铸造的，而且最初也不是悬挂在大钟寺的，至于最后怎么到了大钟寺，这就要说说"钟王三迁"的故事了。

永乐大钟铸好后，朱棣非常高兴，很早就打算把大钟悬挂在汉经厂内。朱棣笃信佛教，所以他曾下令：每逢节日，文武百官都要身着袈裟诵经撞钟。为了方便参拜，他便把永乐大钟迁往皇城边上的汉经厂。后来明成祖朱棣病逝，汉经厂日渐败落，永乐大钟也失去了往日的风采。

万历五年，北京西郊的皇家寺院万寿寺建成，万历皇帝朱翊钧想起沉寂了一百多年的永乐大钟，便下令把大钟迁往新建成的万寿寺，还命六个和尚每天撞钟。这样永乐大钟就完成了它的第二次迁移。

　　第三次迁移发生在清朝雍正十一年，城北的觉生寺建成，大臣们建议把永乐大钟移往觉生寺，雍正帝也觉得此议甚好，且觉生寺尚是一块宝地，便下旨迁移。皇帝下了命令，下面的人就要动手，要把四十多吨重的大钟挪到城北，可不是那么容易的。古代没有吊车、汽车等现代工具，要想挪钟全凭人力和马力。

　　当时的监工大臣想出了一个办法，在万寿寺和觉生寺之间，每隔一里打井一口，用井水泼地，使地面结冰，这样就大大减少了大钟和地面的摩擦力，然后再用牛群、马群在前方牵引大钟在冰面上滑行，加上木杠的辅助，就这样永乐大钟一路"滑"到了觉生寺。据说当时大钟"滑冰"之事曾轰动京城，引发百姓争相围观。

　　经过了这三次的迁移，永乐大钟才真正在大钟寺安家。

天下道教第一丛林——白云观

提起道教，人们自然而然地会想到白云观，因为它的名字太耳熟能详，影视剧中经常出现它的名字，它被誉为"全真第一丛林"，为道教全真龙门派祖庭。白云观的成名，不仅仅是因为这些道家的著名称号，还因为它在民间流传的许许多多的传说趣闻。

白云观为何成了道家圣地

白云观始建于唐代，因唐玄宗推崇道教，所以在北京城西兴建了道观，最初名为天长观，到了金朝时更名为太极宫，元代时又称为长春宫，明初时改为白云观。

白云观算得上是全天下最有名的道观了。它之所以声名显赫主要是与道教著名人物丘处机有着密切的关系。元朝时，丘处机曾向成吉思汗传道讲义，劝他少杀戮，修正德，深得成吉思汗赏识。当时，丘处机就住在白云观里，因此白云观便成了道家弟子心目中的圣地。

丘处机，山东人，十九岁出家，拜全真派创始人王重阳为师。王重阳死后，他在陕西磻溪山潜心修行六年，后来又到陇州龙门山修行，并因此成了全真龙门派创始人，之后返回祖籍山东传道。当时，丘处机在道教名声很大，甚至惊动了朝廷。之后，金王朝与南宋陷入激战，北方蒙古族也开始扩张，几方政治势力为扩大影响力，纷纷拉拢丘处机。

山东当时属于金朝管辖之地，丘处机本来是金朝的子民，不过因为山东的军阀一度投靠了南宋，所以山东在一段时期内也属于过南宋。因此，金朝、南宋朝廷都派人请过丘处机，然而丘处机因故都没有答应。后来，成吉思汗再次邀请，弟子尹志平劝说道：当下正是传道渡人的时候！丘处机叹道：看来这是天意啊！于是就带了十八名弟子远赴西域的成吉思汗大营，历经千辛万苦，耗时两年到达了成吉思汗的大营，并取得了元太祖的信任。成吉思汗赐予他金虎牌，并命他掌管天下道教。正是如此，白云观的未来发展才有了坚实的基础。

　　其实，丘处机决定去见成吉思汗时，也不知前程吉凶，因为他丝毫不了解成吉思汗的情况。他之所以选择去见成吉思汗，是因为他决心要凭借自己的力量去影响统治者的思想，借机劝成吉思汗减少杀戮，推行仁政。这证明他心中装着天下苍生，而不是只顾着自己修行得道做"神仙"。

　　丘处机回京后居住太极宫（今白云观），元太祖后来改太极宫为长春宫。丘处机羽化后被奉为全真派龙门派祖师，白云观也因此成了道教祖庭。

白云观内的窝风桥为什么是一座旱桥

　　走进白云观山门，可以看到一座南北朝向的单孔石桥。桥身、桥面是叶青石所砌，桥栏采用精美的汉白玉雕刻而成。然而，这座制造精美的桥下没有滚滚的流水，也没有深潭，是一座名副其实的旱桥，叫作窝风桥。那么，道家弟子为何要在白云观建一座旱桥呢？关于窝风桥的来历，还有不少的传说。

　　一种说法是认为这座窝风桥是为了纪念全真教的创教师祖王重阳而建立的。相传王重阳最喜外出游历，一次，他在陕西甘河桥遇到一

奇人，王重阳得到此人指点，从此之后他开始出家修道并创立了全真教。所以，全真教的后世弟子便建了一座干（甘）河桥，以此纪念宗派祖师。

另一种说法是北方天气干燥，因而风多雨少，白云观外原来建有一座"甘雨桥"，是为祈祷上天多降甘雨，为了与之相合，人们便在白云观内修了这座窝风桥，这两座桥象征着风调雨顺。

还有一种说法是，在明朝时期，一个姓王的和尚参透"佛道不合"的理法，所以借助宫中太监的势力，在白云观的西边建了一座寺庙，起名"西风寺"，意思是用"西风"来驱走"白云"。这个事情传到了白云观道士的耳中，他们深感不安，大家在一起商讨了一番，决定就在山门后挖一个方池建石桥，方池中并没有水，是为了意寓以桥洞抵御"西风"，制服"西风"，以保全"白云"。王姓和尚知道后，无奈只好改了庙名。后来，道家的后世弟子又在窝风桥洞悬挂了一枚大铜钱，方钱眼上挂一面铜钟，前来参拜的人皆以铜钱投掷，民间称之为"打金钱眼"，意为打中铜钟者，可大吉大利。现在，这已经演变成了一种民俗娱乐活动。

窝风桥的名字也因为这些传说在民间传开，白云观因此香火更加旺盛。

元朝的皇家寺庙——妙应寺

妙应寺白塔身为大元朝的皇家寺庙，竟然不是元朝人建的，不是元人所建也就罢了，竟然还是个外国人所建，这在民间还是个稀罕事，这还不算，更稀奇的是，妙应寺的白塔上竟然套了几个铁箍，这是怎么回事？莫非是当年大闹天宫的孙悟空转世？

妙应寺内的白塔是不是尼泊尔人建的

妙应寺白塔位于阜成门内大街路北的妙应寺内，因寺内有通体白色的塔，因此俗称"白塔寺"。白塔据载是元世祖忽必烈命尼泊尔人阿尼哥主持耗时八年所建，这座白塔也是我国现存年代最早、规模最大的喇嘛塔。

忽必烈为何会请一个外国人来建一座喇嘛塔呢？

元朝刚建立时，急需用一种信仰来使民心归服，由于元代一向信奉藏传佛教，于是，在1271年，元世祖忽必烈便敕令在大都修一座具有象征意义的白塔，以实物的形式向世人昭示皇廷对佛教的重视，于民于众具有强烈的暗示效果，不失为一种"以佛笼心"的绝佳之策。

为使所修建之寺符合忽必烈所想所愿，其在白塔的修建者的选择上可谓煞费苦心：在全国广纳贤才，但找来找去，中原地区精于藏式佛塔建筑之人实难寻找，在为难之际，忽必烈的藏族帝师八思巴便不失时机

宗教寺院

地向其引荐了尼泊尔人阿尼哥。

阿尼哥，尼泊尔人，身上有皇室的高贵血统。据说他从小就聪明过人、博闻强识，在美术、建筑方面拥有天赋的才华。妙应寺内至今仍有阿尼哥的雕像。由于尼泊尔的北边即中国的西藏，加之中尼两国自晋代起就有交往，故在元朝时多有尼泊尔人来华。年仅十七岁的阿尼哥亦于 1260 年率领他的建筑团队来到了中国西藏。在西藏完成了一座佛塔的建造之后，便于 1271 年由八思巴推荐给了元世祖，来担当藏式佛塔的总建筑师。在白塔建造期间，阿尼哥兢兢业业，倾其才华在耗时将尽九年后，终在 1279 年完成了举世闻名的元大都白塔的建造工作。

建完后的白塔通体白色，总高约五十一米，完全按藏式佛塔模样修建，由塔基、塔身、塔刹三部分组成，远观塔体大致呈一个葫芦状，塔身亦如一个倒扣的钵盘。看后给人留下大气、华丽、不同流俗之感。白塔寺至今犹存，且已成为中华民族的宝贵文物，让历代人们瞻仰，不同的人从中得到不同的收获，建筑家或得到设计之灵感，美学家或体会到美在建筑中的展现，普通人或可感受到历史的沧桑……其设计之精巧，建筑之牢固，尤其在今天看来，会让很多人或惊叹，或羞愧。

忽必烈大帝为元朝的开国皇帝，其结束了中国之前一盘散沙的局面，使中国的版图达到了史上最大；其在治国上也颇得方法，使疆域辽阔、各民族混杂的中国得到统一，结束了长年的战乱，民众得以休养生息，使经济得到发展。

从长远来说，其通过在全国实行"政教并行"和"一国两制"制度来达到其和平统一西藏的目的，这从现在来讲，都具重要意义。能做到这些，足见忽必烈的雄才大略。在选人、用人上也十分苛刻的忽必烈难道就因为国师巴思八的推荐就轻易任用阿尼哥了吗？相传，这里面还有一个小插曲呢。

当阿尼哥通过巴思八的引荐来到元大都面见忽必烈后，忽必烈见其年轻，恐难当建塔之重任，便有心要考验他一下。于是就一脸严肃地问道:"你为什么到我大都来?"只见阿尼哥不卑不亢地回答道:"我看到陛下的子民饱受战乱之苦,特来陛下身边求陛下拯救他们。"忽必烈听后大喜,然仍不露声色地问他有何过人之处,阿尼哥也都如实作了回答。最后,忽必烈还以一尊业已损坏的铜人像对他进行了实际的考察(这尊铜人像在此之前国内无人敢领命修补,可见其复原的难度)。

阿尼哥欣然领命后,以其精湛的工艺,终将其修补完成,修完后的铜人像令众匠折服,亦得到了忽必烈的认可。从此忽必烈便将国家建寺造塔、铸镂雕刻之工事委任于他,对国家具重要意义的元大都白塔寺的建造便在其内。

北京的白塔寺至今常有尼泊尔政要及民众来参观,这座白塔从某种程度上成为中尼人民友好往来的见证,也从侧面说明了阿尼哥为中尼友谊作出的巨大贡献。

妙应寺白塔上的铁箍有何来历

到妙应寺游览过的人会发现,寺内的白塔都有铁箍环绕,为何要给白塔套铁箍呢?

相传,妙应寺自元朝修建后,香火甚为旺盛,每天来此烧香拜佛的人络绎不绝。但到了明朝,忽然有一天,随着隆隆作响猛兽一般恐怖的怪叫声从地底下一阵阵传出来,整个北京城都开始地动山摇起来,北京城内发生了前所未有的地震,只见一座座房屋刹那间东倒西歪,全城百姓东窜西逃,其状惨不忍睹。

地震过后,人们发现妙应寺出现了几道巨大的裂缝,白塔也倾斜了下来,人们开始担心万一这白塔要是彻底坍塌下来,岂不是要把刚刚修建好的房屋再次夷为平地。生活在妙应寺周围的百姓,每日提心吊胆地生活着。有人建议搬出这个地方,可是刚刚经过地震,很多地方都还在

重新修建中，有人建议让人去修，可是这么高又倾斜的白塔，谁敢冒着生命危险去锔呢？

过了几日，来了一位锔艺的师傅，人们纷纷从家里拿出在地震中被毁坏的水缸、花瓮、大瓦盆等物件，但这位师傅却说："我不锔这些东西，实在太小，我要锔大物件。"其中，有人说："你是不会锔吧？妙应寺内的白塔够大吧，有能耐你把白塔锔好。"这位师傅淡淡地笑了一下道："锔白塔可以啊，不过要等到明天了。"转身便走了，大伙都你一言我一语地谈论着这位师傅能否锔好白塔。

就这一过了一夜，等第二天人们醒来后，发现白塔真被锔好了，并且在白塔上套了很多铁箍加以固定。于是，人们开始说，昨天那位师傅是鲁班转世，专门为锔白塔而来。

建造妙应寺白塔是为了镇海眼

妙应寺白塔这种喇嘛塔发源于西藏，那么这座佛塔为何建在北京呢？

妙应寺白塔在民间有很多传说，其中"镇海眼"之说最为著名。据说，北京城的三大海眼分别在北海白塔、北新桥和妙应寺白塔。

很久之前，妙应寺白塔海眼下有一条蛟龙，总是出来闲逛，它这一闲逛不要紧，周围的老百姓不安宁了，原来这蛟龙一出来，就给各地带来各种灾祸，百姓们苦不堪言。终于有一天，蛟龙向老百姓发话了，说要放水淹了北京城。这可吓坏了京城的老百姓，他们天天祈求，希望上天能帮忙除掉这条祸国殃民的蛟龙。

老百姓的虔诚和苦难触动了玉皇大帝，他派遣六指神童下凡间降伏蛟龙。六指神童下凡后，立即跳入海眼和蛟龙进行大战，恶战六天六夜之后，终于降伏了蛟龙。可是，百姓们担心蛟龙再出来闹事，就祈求六指神童想一万全之策，他想了想，就在海眼上扣了口大钵，以此镇住海眼和蛟龙，这口大钵就是白塔的塔身。从那之后，天下太平，蛟龙再也没有出来过。

当然，这个传说只是寄寓人们美好愿望的神话故事。1271年，元朝定都后，元世祖忽必烈决定在大都建造一座集政权、神权于一体，象征江山一统的一大白塔，"翼神龙之扶护，资社稷之久长"。

北京最古老的寺庙之一
——潭柘寺

潭柘寺至今已有一千七百多年的历史，民间一直流传着"先有潭柘寺，后有北京城"的说法，那么潭柘寺的建立真的比北京城的年代还要久远吗？潭柘寺有一棵乾隆皇帝亲赐名"帝王树"的银杏，可他为什么叫帝王树呢？还有那位在潭柘寺的元朝公主，又是为何抛弃金枝玉叶的身份到此出家呢？

为什么有"先有潭柘寺，后有北京城"的说法

潭柘寺位于北京西部门头沟区东南部的潭柘山麓，寺院坐北朝南，背倚宝珠峰。始建于西晋永嘉元年，至今已经有一千七百多年的历史了，在民间一直流传着"先有潭柘寺，后有北京城"的说法，为何这么说呢？

传说，在很早之前，北京、天津一带地区有一条恶龙出没，它常常给这里的老百姓带来旱灾水灾，民不聊生。明成祖朱棣即位后要把都城从南京迁往北京，就下旨让明朝的开国元勋刘伯温修建北京城，刘伯温到北京后，听说了关于恶龙的事情，决定要除掉恶龙。刘伯温设法活捉了恶龙，镇压在北新桥下，并用一支箭作为房屋的梁木修建了潭柘寺，

箭头直指恶龙的咽喉。

恶龙不服，便问刘伯温："你什么时候放我出去？"刘伯温回答："等此桥旧了。"然后就提笔在桥上写了"北新桥"三个字，恶龙心想这下永世不得翻身了，更加恼恨刘伯温，因而放下狠话："等你死后，我一定要火烧潭柘寺，水淹北京城。"刘伯温听到后，马上命人在潭柘寺建了一座灶台，并在灶台上面刻上"潭柘寺"三个字，又在"北新桥"桥拱下面刻了"北京城"三个字，这才放下心来。刘伯温死后，恶龙果然要实行它"火烧潭柘寺，水淹北京城"的话，可是因为刘伯温早有防备，所以恶龙只是火烧了灶台上的"潭柘寺"，水淹了北新桥下的"北京城"。

可以看出，"先有潭柘寺，后有北京城"这个说法是指，比潭柘寺晚出生的"北京城"是明朝建立都城的"北京城"。

潭柘寺的银杏树为什么叫帝王树

潭柘寺里有两棵著名的银杏树，自种植以来，有千年之久。东侧的一棵称为帝王树，西侧的一棵称为配王树。

帝王树植于唐贞观年间，高达四十余米，主干周长九米，阴影面积最大可达六百平方米。当年的乾隆帝游玩于此，看到这棵树，非常喜欢，当下就拟旨封其为"帝王树"。这是迄今为止，皇帝对树木御封的最高封号。

相传在清朝，只要有一位新皇帝登基即位，帝王树就从树的根部长出一棵新枝干，慢慢再和主干合为一体；每当一个帝王去世后，又会有一枝树杈折断。北方的高僧认为这棵"帝王树"可以代表菩提树，所以视之为佛门圣树。

20世纪60年代初，已经成为中华人民共和国普通公民的末代皇帝爱新觉罗·溥仪到潭柘寺来游玩，看到这棵由先祖命名的"帝王树"，感慨万分，便指着东北侧一根未与主干相合的细干，对同行的人说："这根枝干就是我，因为我不成材，所以它才和主干分离，长成了歪脖树。"

"帝王树"旁栽种的"配王树"，相传是为了和"帝王树"相配而补栽的，也称为"娘娘树"。大概在人们心中，帝王是一定要有皇后相伴的，树也是如此。

这两棵银杏树历经了千百年的沧桑，至今仍傲立在潭柘寺内，真可算得上植物界的活化石。

潭柘寺"帝王树"

元朝公主是不是曾在潭柘寺出家

元朝的妙严公主，是元世祖忽必烈的女儿。元世祖忽必烈，又是一代天骄成吉思汗的孙子。身份尊贵的大元朝公主为何要放下荣华富贵而选择出家呢？

元太祖成吉思汗开创了大元王朝，一统大蒙古汗国。1260年，忽必烈即位后，南征北战，灭亡了南宋，实现了蒙古贵族入主并统一中国的梦想。

忽必烈是元朝的第一个皇帝，他的一生驰骋沙场，屠戮无数。这些妙严公主都看在眼中，痛在心上，善良的妙严公主对战争和王位的争夺十分恨恶。一边是无辜受难的百姓，一边是疼爱自己的父亲，妙严公主受到良心的重重煎熬，她决定远离家族皇室的富贵安详，远离世间的宠辱荣华，遁入空门，从此青灯古佛度过一生，在寻求一份安宁的同时，也为家族的杀戮无辜而赎罪。

潭柘寺的观音殿里每日都能见到妙严公主的身影，她跪拜诵经，"礼忏观音"，礼节姿态与平常人无异，日久年深，竟然把殿里的一块地砖印出了两个深深的"跪窝"。

后来，妙严公主终老寺中，她的墓塔就建在寺前的下塔院。当地的人们敬重她的善良和虔诚，便称她为"妙言娘娘"。传说有人看到月圆之时，妙严娘娘就在墓前现身，身着白衣，犹如观音菩萨；还有人说，妙言娘娘托梦给她的家人，说她已经修成正果，观音恩准她享受香火，她也愿意用坟上的仙水仙草救济病人。

曾经的大元公主，宁可放下自己金枝玉叶的身份、锦衣玉食的生活，只为求一份心灵的宁静。这样的觉悟，不是一般人所能拥有的。

京北第一古刹——红螺寺

你听过红螺仙女的美妙传说吗？红螺寺就是因这个传说而得名的。红螺寺不仅有美妙的传说，而且还是个风景秀丽的寺院，红螺寺山水环绕，隐于苍翠松柏间，大有"碧波藏古刹"的画面感。红螺寺是北方佛教的发祥地，关于红螺寺有许多著名的佛教景观和逸闻传说，我们不妨随书来一探究竟。

红螺寺

红螺寺曾有仙女下凡吗

红螺寺，位于北京市怀柔北五公里的红螺山南麓，修建于东晋咸康四年（338年），原名大明寺，是金、元、清三代佛教圣地。红螺寺还有一个美丽的神话传说。

相传，玉皇大帝的两位女儿结伴下凡，云游人间美景时，来到一座大山前，见这里山清水秀，古木参天，万绿丛中掩映着一座青砖灰瓦、古色古香的寺院。两位仙女久居天宫，正好也有些腻味了，她们萌生了在此居住一段时间的念头。白天，她们就幻化作人身，与寺中僧人一道礼佛诵经。夜晚，他们就变成一对斗大的红螺，愉快地生活在寺前的放生池中，她们放出的万道红光，将寺院和山麓笼罩在一片红霞祥云之中。

她们在暗中施展法力，使百姓们的生活越加美好。后来，两位仙女留恋人间终被玉皇大帝知晓，不得不返回天宫。当地人为了感谢这两位红螺仙女的功德，同时祈盼红螺仙女能重返这里，便把寺院北依的大山称为红螺山，寺庙也被称为红螺寺。

为什么会有"南有普陀，北有红螺"的说法

红螺寺为十方常住寺，是我国北方的佛教发祥地，千百年来在佛教界中享有极高的地位。民间盛传"南有普陀，北有红螺"的说法，这是为什么？

相传红螺寺是由高僧佛图澄创建的。佛图澄大师，九岁便在乌苌国

宗教寺院

"京北巨刹"红螺寺

（古代印度国名）出家，清真务学。他年老的时候仍能诵经数十万句，句句通解其意，与诸家学士辩论时，无人能胜。他见识广博而且热忱讲导，很多名僧不远万里来此向他请教佛法。《高僧传》曾记载佛图澄门下弟子有数百人，前前后后共收徒弟将近一万人。

佛图澄被人们称为"神僧"，在他年近八十岁的时候来到洛阳，本来打算在洛阳建一所寺庙，恰逢刘曜（前赵昭文帝）攻打洛阳，就没有成功，在这里结识了石勒（后赵明帝），成为他的军师，跟随左右，后来石勒称帝，很多大事都交由佛图澄判定。石勒死后，赵石虎废了石勒之子自称天王，但对佛图澄异常信任。有一次，佛图澄随赵石虎北征时经过红螺山，发现山形像展翅飞舞的大鹏金鸟，认为这里是一块宝地，就在此地创建了大明寺，也就是红螺寺。

根据历史记载，从东晋后赵一直到清朝的多位皇帝都和红螺寺有关，所以红螺寺也得到过数次修建翻修，名扬四海，香火不断。

我国净土宗的最后两代祖师均和红螺寺有缘，据说净土宗第十二代祖师际醒祖师的舍利子就是在这里发现的，因而成了红螺珍宝；第十三代祖师印光大师在清光绪十二年间曾在红螺寺修行。

红螺寺以高僧频出而闻名，所以世有"南有普陀，北有红螺"的说法。

红螺寺里是不是有一座济公塑像

红螺寺里有一个"五百罗汉园"，里面陈列了五百个罗汉的塑像，其中一座就是南宋名僧济公的塑像。

济公，法号道济，是历史上的真实人物，生于南宋绍兴十八年（1148 年），圆寂于嘉定二年（1209 年）。原名李修缘，他生来容貌俊秀，天生聪颖，少年时就出家拜灵隐寺禅师为师。生平乐善好施，自幼便知晓民间疾苦，常常惩恶扬善，因而深受百姓爱戴。

近年来的影视作品把济公疯癫、脏乱的形象夸张化，反而忽略了济公的真性情。事实上，济公是一位性格率真而颇有才华的名僧，他不仅博学广识，而且擅长书法，佛学造诣很高。但其一生却也不受戒律拘束，好喝酒吃肉，常常衣衫不整。他常以破鞋破帽破扇子的形象示人，恐怕很难让人相信这就是为人采办药石，治病行医，解忧解难，广济民间疾苦的活佛济公。他的一生怡然飘逸，行踪自由，好云游四海，周济穷困。因此，他的德行也广为人们传颂，他的故事几乎家喻户晓。

济公身为禅宗高僧，曾经撰写《镌峰语录》，还写过很多诗作。他的思想独特，不仅受到佛教禅宗的熏染，也受到道家隐逸风气的影响，而且还具有汉族民间大侠的色彩。这三种气息融合在一起，使得他的形象更加亲切。

后来，"济公传说"还被列入国家级非物质文化遗产的名录。纵观济公的一生，用《济公传》里的一首诗形容最为合适："佛祖留下诗一首，我人修身他修口；他人修口不修心，唯我修心不修口。"

北方巨刹——云居寺

云居寺被誉为"北方巨刹"，这是因为它在历史、建筑和文化上的重要地位和影响。在这座北方巨刹里还有一个有趣的"娃娃库房"，库房里的娃娃还形成了一道"童子伴观音"的奇观。坐落在雷音洞上的公主塔、守护南天门的四大天王，他们又是如何出现在这座佛教寺庙里呢？

云居寺为什么要设一座"娃娃库房"

云居寺位于北京西南房山区，占地面积七万多平方米，是中国佛教文化特色的一大宝库。

世传云居寺求子最灵验，第六层殿大悲殿供的是一尊千手千眼观音菩萨，在观音菩萨像的左右两边，有许许多多的童子，成为一道"童子伴观音"的奇观。当然，这些童子也不是真的童子，而是香客许下求子之愿，实现之后还回去的假娃娃，因为按照习俗，香客们许愿之后，如果愿望得以实现，是要回来还愿的。

后来，通过人们口口相传，前往大悲殿求子求福的人越来越多，甚至有人专门来看这些娃娃，导致大悲殿里的还愿娃娃也越攒越多，云居寺的管理人员为了妥善安置这些还愿娃娃，就在殿外设了一座"娃娃库房"，还在大悲殿里为这些娃娃设置了"娃娃专座"，有的还愿娃娃在

"娃娃专座"才坐了不到一年，就要被送进"娃娃库房"了，因为送还愿娃娃的人太多了。现在那些还愿娃娃整齐地排坐在观音像左右，也就成了云居寺特有的景观。

现在每逢初一和十五，大悲殿就香火旺盛，香客不绝。云居寺有座"娃娃库房"的消息也不胫而走，引来大批游客围观。

四大天王为什么会供奉在云居寺里

在云居寺有一座天王殿，殿里供奉着四大天王。四大天王是中国佛教中四位护法天神的代称，他们分别是东方持国天王、南方增长天王、西方广目天王和北方多闻天王，相传其道场在须弥山。那他们为什么会出现在云居寺呢？

相传，身为南天门护法的四大天王，听说观音菩萨教化众生的道

云居寺

场以风景秀美著称，决定前去游玩。于是他们手持兵器，一路上腾云驾雾，前往普陀山，四大天王被海天佛国的景色迷住了，不知道跑了多久，个个饿得饥肠辘辘。忽然看到前方竹林冒出阵阵炊烟，他们顺着炊烟的方向找去，发现了一个又矮又小的屋子，上前一看，原来是一位少妇正在做饭，四大天王闻到饭香，更加饥渴难耐，便央求妇人把这锅饭施舍给他们。

妇人同意了，便请他们到屋里就座。四大天王看着眼前矮小的屋子，只好弯身屈膝往屋里挤，说来也怪，他们刚一进屋，原本矮小的屋子竟神奇般地变大了，变得非常宽敞舒适。妇人给他们盛好饭后就出门洗衣服去了，东方持国天王吃完后，便走到锅前，想再盛一碗，没想到锅盖就像生了根一样怎么也揭不开。其他几个天王看到就来帮忙，可是那锅盖还是纹丝不动。过了好一会儿也没见任何成效，反倒是四个人累倒一片，哪里还有天王的风采，简直狼狈不堪。

这时，妇人洗衣服回来了，看到四大天王东倒西歪的样子，不禁暗笑，脸上还是装作一副惊讶的样子："四位吃饱了，怎么还躺下休息了？"广目天王一听，难为情地解释："我们去盛饭，却揭不开锅盖。"

妇人走到灶前，伸手轻轻一揭，锅盖就打开了。四大天王愣愣地看着这一切，才恍然大悟，原来眼前的这位妇人就是观音菩萨，赶快跪下请罪，请求观音菩萨放过他们。观音菩萨对他们说："让你们回去可以，可是今天在这儿你们连一个小小的锅盖都没有揭开，回到天庭不怕天将们笑话吗？我看你们留在我这儿如何？"听她这么一说，一个个都哑口无言了，确实也没有脸面回天庭，决定留在人间，跟随观音学法。

从此，寺庙神殿都供奉四大天王，在云居寺天王殿两侧也就出现了威武雄壮的四大天王塑像。

云居寺为什么会有一座公主塔

在云居寺的石经山雷音洞上，有一座金仙公主塔，塔高三米半，由汉白玉精雕而成，基座由石块砌垒，正面有一个拱门，门两侧各有一座金刚力士像，门内石壁上又有一组释迦牟尼及其弟子的浮雕，其上是七层宝檐，塔上有铭文。

金仙公主是唐睿宗李旦的女儿，唐玄宗李隆基的八妹。神龙二年（706年），这位十八岁的公主度为女道士。传说这位身份娇贵的金仙公主是因为不堪忍受皇宫拘束的生活，才偕同胞妹玉真公主出家为道。据史料记载，唐朝公主出家成风，她们出家后住在寺庙或者道观，服侍用度与皇宫无异，反而有了自由身，这就是唐朝的公主频频出家的原因。

金仙公主出家后，云游四方，途中，她被云居寺的石刻艺术所吸引。金仙公主虽然信奉道教，但是她积极支持佛教的刊刻石经工艺。她曾经为云居寺做了一件大事，就是奏请唐玄宗御赐云居寺经本和大面积的山林、土地，并派智升法师（唐代高僧）从长安护送经本到云居寺，在扩建云居寺和刊刻艺术的发展上功不可没。

云居寺的僧人为了纪念这位英年早逝的公主（689—732年，享年四十四岁），便在云居寺建了这座金仙公主塔。金仙公主塔的建筑风格类似于西安小雁塔和云南大理三塔，年代久远，虽历经1200年，仍完好无损地屹立在白带山顶。

宗教寺院

"内八刹"之一——广济寺

广济寺的传说主要集中在求姻缘方面，因其求姻缘非常灵验而闻名。广济寺求姻缘真有这么灵吗？不妨来看看广济寺观音娘娘的传说。还有传说中用手指画出的大型指画，真的是用手指画出的吗？似乎有点不可思议。老北京著名的"内八刹"之一广济寺，到底有什么传奇故事呢？

广济寺是怎么建成的

北京广济寺，坐落于北京西城区阜成门内大街 25 号，佛教著名古刹，后来中国佛教协会设立于此。

广济寺初建于金代，起名为西刘村寺，元代改称报恩洪济寺，后在战火中毁于一旦，殿宇无存。明代天顺年间，山西僧人普惠和圆洪师徒云游途经北京，见到广济寺的废址，心生悲悯，发誓要重建庙宇，他们寻求并得到了掌管皇帝冠服的尚衣监宦官廖屏在财力上的支持，明成化二年开始招工集资，经过两年的努力，寺庙终于建成，明宪宗下诏赐名为弘慈广济寺。

清顺治十三年，清世祖顺治帝曾经游历广济寺。清朝政府对广济寺的关注度还是挺高的，多次进行修缮和扩建，清康熙年间还进行过重建工作，虽然多次整改，但仍然保持着明朝重修的格局。

可惜，民国初年一场突如其来的大火把广济寺的主要殿堂焚烧殆尽，大量书画、佛经等文物付之一炬。后在住持现明法师在吴佩孚等人的资助下，按明朝格局进行了重修。新中国成立后，政府又拨款进行了全面维修，于是就形成了现在的广济寺。

关于广济寺还有一个民间传说，记载在清初诗人余宾硕作的《喜云慧大师传》中，说在宋朝末年有两个刘家村，在西边的是西刘家村，东边的是东刘家村。西刘家村有一个人叫刘望云，自称是悟真紫阳真人的嫡孙，得他气法真传，一天，刘望云遇到一位法号"且住"的僧人，与其投缘，刘望云请求其留下讲经说法。因为这个原因，在此地建了"西刘村寺"（即最初的广济寺）。

广济寺供奉着许多明清时期的佛像，还收藏不少佛教经卷、碑刻等文物，建筑庄重宏伟。

广济寺的哪幅画是用手指画的

广济寺的大雄宝殿后壁悬挂着一幅《胜果妙因图》，是清朝乾隆九年著名的宫廷画家傅雯用手指所画，高约五米，宽约十米，清朝乾隆时期皇帝下令敕造的，是广济寺的镇寺之宝。

《胜果妙音图》是国内知名的大型指画，所绘内容是释迦牟尼灵山说法的场景，具有高超的文物和艺术价值。

灵山即灵鹫山，位于中印度摩羯陀王国的国都王舍城之东北侧，是著名的佛陀说法之地。山名的由来，有说法称这座山的正峰峰顶立着一块岩石，形状酷似鹫头，故名灵鹫山。中国晋朝第一高僧法显和家喻户晓的唐朝高僧玄奘都曾云游到此，《胜果妙音图》就是以这座圣山为背景绘制的。

《胜果妙音图》所绘场面壮观，众多人物生动形象，释迦牟尼坐在

莲花座上向信徒讲经说法，他的左右分别是以象为骑的普贤菩萨和以狮为骑的文殊菩萨，空中是腾云驾雾的四大天王，释迦牟尼的莲花宝座前是善财童子、大鹏以及迦陵频伽鸟。听释迦牟尼说法的弟子有一百多位，个个栩栩如生，竟无一人神态相似，由此可见傅雯指绘技法的娴熟度。更有趣的是，在这些听众当中还有中国的布袋和尚以及三国时期的周仓、关羽和关平。

《胜果妙音图》指绘技艺之精湛，堪称艺术珍品，为广济寺的历史平添一份光彩。

为何说广济寺求姻缘最灵验

广济寺是闻名遐迩的寺院，每天到广济寺的游客络绎不绝。他们几乎都是为一个目的而来，就是求姻缘、求桃花。因为这里是传说中求姻缘最灵验的地方。人们求姻缘主要是奔着寺内圆通殿里的观音娘娘来的。

相传，在宋朝末年，这一带住着一个体弱多病的老大娘，她与女儿相依为命，生活过得十分艰难，但是女儿十分乖巧能干，颇受乡亲们喜爱。女儿出落得俏丽动人，很快就到了谈婚论嫁的年纪，可老大娘不由得忧心起来。如果女儿嫁出去了，自己就要孤独终老，可她又不想因为自己而耽误女儿的幸福。想来想去，这老大娘觉得自己是个累赘，于是就在一天夜里离家出走了。

天亮后，女儿发现母亲不见了，赶紧请邻居帮忙一起找。然而不幸的是，老大娘已经在村口的大槐树上自缢了。女儿抱着母亲的尸体痛哭流涕，并说愿意用自己的性命来换取母亲的性命。那天，刚好观音菩萨路过这里，听见了这凄楚的哭声，心里十分感动。她知道这姑娘是个善良的好人，便救活了老大娘，并说姑娘一定能找到一个好人家。

不久后，果然有一户大人家来提亲，他们知道这家的女儿外貌出众，品德高尚，于是立即下了聘礼，并将老大娘一同接到了家里，让她安享晚年。在这家女儿出嫁之后，人们便在这里盖起了寺庙，供奉观音神像。这家的女儿也经常来烧香礼佛，祈求一家能幸福快乐。之后，那些求姻缘的人也都来这里烧香，而且来这里祈求过的人，婚姻还都不错。

自古以来，在广济寺虔诚发愿而求得好姻缘的大有人在。人们都说，广济寺的观音娘娘能看透人心，心好，婚姻、家庭自然就好。

宗教寺院

"最古燕京寺，由来称悯忠"
——法源寺

以"一座法源寺，半部中国史"著称的法源寺，其实还是京城著名的花卉寺院，一般人很难将娇艳的花卉和寺庙联系在一起，但是法源寺中却种植了大片清香淡雅的丁香花，还因此有了"香雪海"的称呼，这到底是怎样的奇观呢？据说清顺治帝是亲临法源寺后染疾病逝的，到底发生了什么事呢？他逝世时年仅二十四岁，正值青春年少，英年早逝，让人心生惋惜之情。

为什么有"一座法源寺，半部中国史"的说法

北京宣武门外教子胡同坐落着一座历史悠久的古刹，这里是中国佛学院的所在地，它就是法源寺。民间盛传"一座法源寺，半部中国史"的说法，这是为什么呢？

自唐朝建寺以来，与法源寺相关的人物或历史事件层出不穷。

法源寺始建于唐代贞观十九年，是李世民为超度在高丽战争中阵亡的将士而建造的，因此当时名为"悯忠寺"，寺院真正竣工是在武则天时期。

唐武宗李炎笃信道教，深恶佛教，当时僧侣免除赋税，佛教寺院经

法源寺

济过分扩张，影响了国库收入，武宗下令灭佛，数千座佛寺被毁，是历史上有名的"武宗灭佛"。法源寺却在此浩劫中幸免于难，是因为法源寺是唐太宗亲自下令修建的，作为孝子贤孙的唐武宗当然不敢造次。法源寺也成了当时幽州唯一的佛寺，后来幽州节度使李匡威斥资重修法源寺，还增建了一座悯忠阁，成了幽州城的标志性建筑。

著名的"安史之乱"和法源寺更是脱不开关系，话说当时的幽州节度使安禄山和史思明起兵反唐，发动了著名的"安史之乱"，随后二人在幽州称帝，并在法源寺建了两座佛塔作为称帝的纪念，"安史之乱"最终被平定，这两座佛塔也在一次大火中付之一炬。

另外，导致北宋灭亡的"靖康之耻"也和法源寺有关，靖康二年金军攻入东京（今河南开封），俘虏了太上皇宋徽宗和当朝皇帝宋钦宗，宋钦宗当时就被押解在法源寺。

不过值得一提的是，后世纪晓岚、龚自珍、林则徐都曾在此驻足赏花，在戊戌变法中牺牲的戊戌六君子也在这里停灵。

法源寺特殊的政治地位和规模宏大的建筑群，使得这座历史悠久的古刹与历代王朝结下了不解之缘。

宗教寺院

法源寺为什么会种植丁香花

　　法源寺是北京的花卉寺庙之一，被称为"花之寺"，尤以丁香花著名。在大多数人的眼中，寺庙和花是扯不上关系的。那么丁香花在法源寺担任了什么角色呢？这就要提到菩提树了，禅宗六祖慧能曾经写过一首关于菩提的诗："菩提本无树，明镜亦非台。本来无一物，何处惹尘埃。"菩提树因诗成名，被称为佛教的"圣树"，大多寺庙都种植有菩提树。

　　佛教在我国的甘肃、青海等西北地区流传较广，但这些地区属于高原性气候，气温低。昼夜温差大，菩提树在这里根本不能生存，佛教的弟子就想出了用暴马丁香（与紫丁香同属的一种丁香）来代替菩提树的

法源寺的丁香花

办法，因为暴马丁香能够适应高原的气候，后来暴马丁香就被人们称为"西海菩提树"。

其实，关于法源寺的丁香，还有一个神奇的传说：在青海省西宁市鲁沙尔镇，有一座喇嘛教圣地——塔尔寺，这座宏伟壮观的佛教寺院的修建，最早起因于一棵奇异的暴马丁香树。据说这株神奇的丁香树皮和叶子能够显示出佛像。或许这就是法源寺种植丁香的原因。

另外丁香花叶片还酷似心脏，而佛家有"心诚则灵"的说法。《华严经》记载："若因风吹入宫殿中，众生嗅者，七日七夜欢喜充满，身心快乐，无有诸病，不相侵害，离诸忧苦，不惊不怖，不乱不恚，慈心相向，志意清净。"丁香树的花香与法源寺的佛法相通，无形地使佛理更精进、心境更通达。1924 年，印度诗人泰戈尔也曾在徐志摩、林徽因、梁思成的陪同下来法源寺赏丁香、瞻古刹。

顺治帝在法源寺染上了天花吗

与法源寺有关的传说不少，据说历史上谜一样的顺治帝也与法源寺有很大关系。

清朝定都北京后，顺治帝任用了几个明朝遗留的老太监，其中有一个叫吴良辅的。因为他办事可靠，又会讨帝王欢心，所以很受顺治帝宠信。顺治十七年，顺治帝深爱的爱妃董鄂氏病死，顺治帝在极度悲痛之中剃掉了头发，说要出家当和尚，最终被众人劝说未成。

出家不成，顺治帝只好派个可靠的人作为自己的替身出家了。思来想去，顺治帝觉得还是吴良辅最可靠，于是吴良辅就作为顺治帝的替身被送到了法源寺为僧。

第二年，顺治帝因为过于思念董鄂妃，便亲自到了法源寺，参加了吴良辅为追悼董鄂妃而做的法事。不料，顺治帝从法源寺回去不久，便

宗教寺院

卧床不起一命呜呼了，据说是天花病发作而死。而此时在法源寺念经的吴良辅则被认为是罪魁祸首，因而丢了性命。

法源寺内还有一块无字碑，说起无字碑大家都会想到乾陵武则天所立的无字碑，据说，法源寺的这块无字碑也是武则天派人立的。不过，法源寺的这块无字碑最初是有字的，但是石碑上的字刚刻完没几天就消失了。工匠因为担心被降罪，所以又重新刻上了字迹。可过了几天后，碑文又消失了，后来有人将此事上奏给了武则天。武则天听后大笑，她说在佛教看来一切功名利禄只不过是过眼云烟，既然一切皆空，就随它去吧。

如今，法源寺每天都会接待大量的信徒、游客。寺中的布袋和尚铜像、十八罗汉贴金坐像以及各类佛教物件，都是十分宝贵的佛教文物。通过它们，人们可以对北京的传统文化有更深刻的认识。

"京西小敦煌"——法海寺

　　单看"法海寺"这名字，就很容易和那个阻挡许仙和白娘子相爱的法海联想起来，但是此"法海"非彼法海，这个寺庙不是法海建的，而是明朝的太监李童建造的。法海寺内保存完整的明代壁画堪称壁画中的极品，法海寺也因此有了"京西小敦煌"的美称。

法海寺的明代壁画为什么是镇寺之宝

　　在北京石景山区模式口的翠微山脚下，有一座规模宏大的寺庙，叫法海寺。法海寺始建于明朝正统四年（1439 年），动用大量木匠、石匠、漆匠、瓦匠、画师等技工，历时五年建成。

　　到了法海寺，一定要看看这里的镇寺之宝——大型的明代壁画。壁画也许不那么稀罕，全国保留下来的壁画不在少数，但法海寺的壁画是特别的，它和著名的敦煌壁画平分秋色。从 6 世纪到清朝，敦煌壁画的作品不计其数，可唯独缺了明朝的壁画，而法海寺的明代壁画恰好弥补了这一缺憾，它精湛的绘画技术、鲜明的时代特色以及高超的制作技艺，使它在世界壁画作品中都显得弥足珍贵。

　　法海寺的明代壁画是出自明朝的宫廷画师之手，所以在用料和笔法上更为成熟。壁画上的人物服饰及发束装饰都极其华丽，线条一气呵成，多着重色，镶金边，画风洒脱豪放，人物动作收放自如，达到了

宗教寺院

法海寺

"静若处子动若脱兔"的境界。壁画无论是在画工还是用色上都十分严谨，可以看出当时作画的画师是下了一番功夫的。

这样珍贵的壁画曾历经劫难，幸而有当时看管寺庙的吴效祖老人奋力保护，这些珍贵的壁画才幸免于难。

法海寺的明代壁画堪称明代壁画的巅峰之作，有专家认为法海寺的明代壁画就是北京城壁画的代表作，甚至可以与欧洲文艺复兴时期的壁画相媲美，当属国之瑰宝。

法海寺的"四柏一孔桥"是用柏树建的吗

法海寺是由明英宗少年时宠信的太监李童建造的，寺中的古树很多，在山门前的乡道上，有四棵古柏，这四棵古柏生长的地方很奇怪，长在一座石桥的四个角的石缝中，成为一处奇观，人们称之为"四柏一孔桥"。

传说，这座"四柏一孔桥"是工匠们花费两天时间建造的，建造得

如此匆忙，有何缘由呢？故事还要从太监李童说起，李童自从得到了明英宗的宠信后，一直想为自己建一座寺庙，他打着为英宗皇帝祈福的旗号，开始建造法海寺。他请来京城工匠耗时数年，终于造成，李童来验收工程时，竟查不出半点纰漏，心下自然高兴，但这李童是贪财好利之人，他想从中克扣工程款，却又无从下手，便打起了工匠工钱的主意。

李童在寺院各处走来走去，一副不挑出毛病不罢休的架势。他要求工匠们必须两天之内建成四百零一孔桥，若两天内建成了，便在原来的工钱上每人多加五两，若建不成，就每人扣除一百两银子。李童说完，就美滋滋地走了，想着这几百两银子马上就要到手了。

工匠们敢怒而不敢言，个个唉声叹气，却想不出一个办法。有一个资历较老的路工匠想到了办法，他召集大家伙连夜工作，建成了一座青石白桥，只见桥面微微上拱，恰好被四棵柏树担起，柏树与石板严丝缝合，连成一座桥。原来工匠们以四棵柏树的谐音意指"四百"，和这一孔桥合称为"四百零一孔桥"。李童看着眼前的"四柏一孔桥"，哑口无言，只好按约付钱给工匠。

这座工匠们用"柏"和"百"的谐音建造的四柏一孔桥，可谓独具匠心，是桥梁中的一朵"奇葩"。